CODE

[illegible] PROPRIÉTAIRES

[illegible] DES LOCATAIRES

[illegible] et des Constructeurs de Maisons

[illegible] au courant de la législation

PAR

LOUIS TRIPIER

[illegible] gérant de maisons, demeurant à Paris, place Dauphine, n° 24

[illegible] de tous les [illegible] nécessaires à leur intelligence;

[illegible] la France depuis 1789, conférées entre elles et annotées;

[illegible] justice militaire pour les armées de terre et de mer;

[illegible] Banque de France et [illegible] succursales,

[illegible] et commerciales, — de la Comptabilité publique,

[illegible] des Subrogés-Tuteurs, des Curateurs et des Conseils judiciaires,

[illegible] d'honneur, des Médaillés et des Décorés d'ordres étrangers,

[illegible] expropriation pour cause d'utilité publique, etc.;

[illegible] *multiplications ni de divisions*;

[illegible] *la Législation française*, donnant immédiatement

[illegible] promulgation les lois et décrets d'intérêt général, etc., etc.

PARIS
A LA DIRECTION
[illegible] DE LA LÉGISLATION FRANÇAISE
24, place Dauphine, 24

CODE

DES

PROPRIÉTAIRES, DES LOCATAIRES

DES USUFRUITIERS

ET DES CONSTRUCTEURS DE MAISONS

CODE
DES PROPRIÉTAIRES
DES LOCATAIRES
Des Usufruitiers et des Constructeurs de Maisons

Tenu constamment au courant de la législation

PAR

LOUIS TRIPIER

Docteur en droit, gérant de maisons, demeurant à Paris, place Dauphine, n° 24
Et auteur des *Codes français* annotés de tous les textes nécessaires à leur intelligence,
Des Constitutions qui ont régi la France depuis 1789, conférées entre elles et annotées,
Des Commentaires des Codes de justice militaire pour les armées de terre et de mer;
Des Codes de la Banque de France et de ses succursales, —
des Sociétés civiles et commerciales, — de la Comptabilité publique, —
des Mineurs, des Tuteurs, des Subrogés-Tuteurs, des Curateurs et des Conseils judiciaires, —
des Membres de la Légion d'honneur, des Médaillés et des Décorés d'ordres étrangers, —
De l'Expropriation pour cause d'utilité publique, etc.;
De *Plus de multiplications ni de divisions;*
Du *Parfait Capitaliste;* du *Bulletin de la Législation française*, donnant immédiatement
après leur promulgation les lois et décrets d'intérêt général, etc., etc.

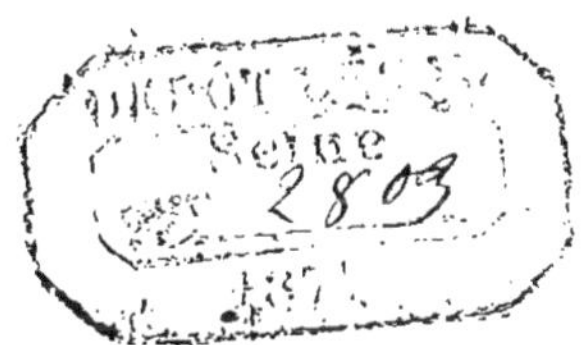

PARIS
A LA DIRECTION
DU BULLETIN DE LA LÉGISLATION FRANÇAISE
24, place Dauphine, 24

AVIS DE L'AUTEUR

Dans cette publication, j'ai réuni toutes les dispositions législatives concernant les propriétaires, les locataires, les usufruitiers et les constructeurs de maisons, dispositions qui étaient éparses dans nos codes et dans les trois cents volumes de notre Bulletin des lois.

CODE CIVIL

LIVRE PREMIER

Art. 481. Le mineur émancipé passera les baux dont la durée n'excédera point neuf ans; il recevra ses revenus, en donnera décharge, et fera tous les actes qui ne sont que de pure administration, sans être restituable contre ces actes dans tous les cas où le majeur ne le serait pas lui-même.

CODE CIVIL. — LIVRE II.

Art. 517. Les biens sont immeubles, ou par leur nature, ou par leur destination, ou par l'objet auquel ils s'appliquent.

518. Les fonds de terre et les bâtiments sont immeubles par leur nature.

519. Les moulins à vent ou à eau, fixés sur piliers et faisant partie du bâtiment, sont aussi immeubles par leur nature.

523. Les tuyaux servant à la conduite des eaux dans une maison ou autre héritage, sont immeubles et font partie du fonds auquel ils sont attachés.

524. Les objets que le propriétaire d'un fonds y a placés pour le service et l'exploitation de ce fonds, sont immeubles par destination.

Ainsi, sont immeubles par destination, quand ils ont été placés par le propriétaire pour le service et l'exploitation du fonds :

Les animaux attachés à la culture;

Les ustensiles aratoires;

Les semences données aux fermiers ou colons partiaires ;

Les pigeons des colombiers;

Les lapins des garennes;

Les ruches à miel;
Les poissons des étangs;
Les pressoirs, chaudières, alambics, cuves et tonnes;
Les ustensiles nécessaires à l'exploitation des forges, papeteries et autres usines;
Les pailles et engrais.

Sont aussi immeubles par destination tous effets mobiliers que le propriétaire a attachés au fonds à perpétuelle demeure.

525. Le propriétaire est censé avoir attaché à son fonds des effets mobiliers à perpétuelle demeure, quand ils y sont scellés en plâtre ou à chaux ou à ciment, ou lorsqu'ils ne peuvent être détachés sans être fracturés et détériorés, ou sans briser ou détériorer la partie du fonds à laquelle ils sont attachés.

Les glaces d'un appartement sont censées mises à perpétuelle demeure, lorsque le parquet sur lequel elles sont attachées fait corps avec la boiserie.

Il en est de même des tableaux et autres ornements.

Quant aux statues, elles sont immeubles, lorsqu'elles sont placées dans une niche pratiquée exprès pour les recevoir, encore qu'elles puissent être enlevées sans fracture ou détérioration.

526. Sont immeubles par l'objet auquel ils s'appliquent:
L'usufruit des choses immobilières;
Les servitudes ou services fonciers;
Les actions qui tendent à revendiquer un immeuble.

TITRE II.

DE LA PROPRIÉTÉ.

Art. 544. La propriété est le droit de jouir et disposer des choses de la manière la plus absolue, pourvu qu'on n'en fasse pas un usage prohibé par les lois ou par les règlements.

545. Nul ne peut être contraint de céder sa propriété, si ce n'est pour cause d'utilité publique, et moyennant une juste et préalable indemnité (1).

546. La propriété d'une chose, soit mobilière, soit immobilière, donne droit sur tout ce qu'elle produit, et sur

(1) Voyez mon Code de l'expropriation pour cause d'utilité publique.

ce qui s'y unit accessoirement, soit naturellement, soit artificiellement.

Ce droit s'appelle *droit d'accession*.

CHAPITRE PREMIER.

DU DROIT D'ACCESSION SUR CE QUI EST PRODUIT PAR LA CHOSE.

Art. 547. Les fruits naturels ou industriels de la terre,

Les fruits civils,

Le croît des animaux,

Appartiennent au propriétaire par droit d'accession.

549. Le simple possesseur ne fait les fruits siens que dans le cas où il possède de bonne foi : dans le cas contraire, il est tenu de rendre les produits avec la chose au propriétaire qui la revendique.

550. Le possesseur est de bonne foi quand il possède comme propriétaire, en vertu d'un titre translatif de propriété dont il ignore les vices.

Il cesse d'être de bonne foi du moment où ces vices lui sont connus.

CHAPITRE II.

DU DROIT D'ACCESSION SUR CE QUI S'UNIT ET S'INCORPORE A LA CHOSE.

Art. 551. Tout ce qui s'unit et s'incorpore à la chose appartient au propriétaire, suivant les règles qui seront ci-après établies.

SECTION PREMIÈRE.

DU DROIT D'ACCESSION RELATIVEMENT AUX CHOSES IMMOBILIÈRES.

Art. 552. La propriété du sol emporte la propriété du dessus et du dessous.

Le propriétaire peut faire au-dessus toutes les plantations et constructions qu'il juge à propos, sauf les exceptions établies au titre *des Servitudes ou Services fonciers*.

Il peut faire au-dessous toutes les constructions et fouilles qu'il jugera à propos, et tirer de ces fouilles tous les produits qu'elles peuvent fournir, sauf les modifications résultant des lois et règlements relatifs aux mines, et des lois et règlements de police.

553. Toutes constructions, plantations et ouvrages sur un terrain ou dans l'intérieur, sont présumés faits par le propriétaire à ses frais et lui appartenir, si le contraire n'est

prouvé; sans préjudice de la propriété qu'un tiers pourrait avoir acquise ou pourrait acquérir par prescription, soit d'un souterrain sous le bâtiment d'autrui, soit de toute autre partie du bâtiment.

554. Le propriétaire du sol qui a fait des constructions, plantations et ouvrages avec des matériaux qui ne lui appartenaient pas, doit en payer la valeur; il peut aussi être condamné à des dommages-intérêts, s'il y a lieu : mais le propriétaire des matériaux n'a pas le droit de les enlever.

555. Lorsque les plantations, constructions et ouvrages ont été faits par un tiers et avec ses matériaux, le propriétaire du fonds a droit ou de les retenir, ou d'obliger ce tiers à les enlever.

Si le propriétaire du fonds demande la suppression des plantations et constructions, elle est aux frais de celui qui les a faites, sans aucune indemnité pour lui; il peut même être condamné à des dommages-intérêts, s'il y a lieu, pour le préjudice que peut avoir éprouvé le propriétaire du fonds.

Si le propriétaire préfère conserver ces plantations et constructions, il doit le remboursement de la valeur des matériaux et du prix de la main-d'œuvre, sans égard à la plus ou moins grande augmentation de la valeur que le fonds a pu recevoir. Néanmoins, si les plantations, constructions et ouvrages ont été faits par un tiers évincé, qui n'aurait pas été condamné à la restitution des fruits, attendu sa bonne foi, le propriétaire ne pourra demander la suppression desdits ouvrages, plantations et constructions; mais il aura le choix, ou de rembourser la valeur des matériaux et du prix de la main-d'œuvre, ou de rembourser une somme égale à celle dont le fonds a augmenté de valeur.

TITRE III.

DE L'USUFRUIT, DE L'USAGE ET DE L'HABITATION (1).

CHAPITRE PREMIER.

DE L'USUFRUIT.

Art. 578. L'usufruit est le droit de jouir des choses dont

(1) Au lieu de ne rapporter, des chapitres I et II, traitant le 1er de l'usufruit et le 2e de l'usage et de l'habitation, que ce qui a trait à la propriété bâtie, j'ai préféré, pour ne pas scinder nombre d'articles, rapporter en entier ces deux chapitres.

un autre a la propriété, comme le propriétaire lui-même, mais à la charge d'en conserver la substance.

579. L'usufruit est établi par la loi, ou par la volonté de l'homme.

580. L'usufruit peut être établi, ou purement, ou à certain jour, ou à condition.

581. Il peut être établi sur toute espèce de biens meubles ou immeubles.

SECTION PREMIÈRE.

DES DROITS DE L'USUFRUITIER.

Art. 582. L'usufruitier a le droit de jouir de toute espèce de fruits, soit naturels, soit industriels, soit civils, que peut produire l'objet dont il a l'usufruit.

583. Les fruits naturels sont ceux qui sont le produit spontané de la terre. Le produit et le croît des animaux sont aussi des fruits naturels.

Les fruits industriels d'un fonds sont ceux qu'on obtient par la culture.

584. Les fruits civils sont les loyers des maisons, les intérêts des sommes exigibles, les arrérages des rentes.

Les prix des baux à ferme sont aussi rangés dans la classe des fruits civils.

585. Les fruits naturels et industriels, pendants par branches ou par racines au moment où l'usufruit est ouvert, appartiennent à l'usufruitier.

Ceux qui sont dans le même état au moment où finit l'usufruit, appartiennent au propriétaire, sans récompense de part ni d'autre des labours et des semences, mais aussi sans préjudice de la portion des fruits qui pourrait être acquise au colon partiaire, s'il en existait un au commencement ou à la cessation de l'usufruit.

586. Les fruits civils sont réputés s'acquérir jour par jour, et appartiennent à l'usufruitier, à proportion de la durée de son usufruit. Cette règle s'applique aux prix des baux à ferme, comme aux loyers des maisons et aux autres fruits civils.

587. Si l'usufruit comprend des choses dont on ne peut faire usage sans les consommer, comme l'argent, les grains, les liqueurs, l'usufruitier a le droit de s'en servir, mais à la charge d'en rendre de pareille quantité, qualité et valeur, ou leur estimation à la fin de l'usufruit.

588. L'usufruit d'une rente viagère donne aussi à l'usu-

fruitier, pendant la durée de son usufruit, le droit d'en percevoir les arrérages, sans être tenu à aucune restitution.

589. Si l'usufruit comprend des choses qui, sans se consommer de suite, se détériorent peu à peu par l'usage, comme du linge, des meubles meublants, l'usufruitier a le droit de s'en servir pour l'usage auquel elle sont destinées, et n'est obligé de les rendre, à la fin de l'usufruit, que dans l'état où elles se trouvent, non détériorées par son dol ou par sa faute.

590. Si l'usufruit comprend des bois taillis, l'usufruitier est tenu d'observer l'ordre et la quotité des coupes, conformément à l'aménagement ou à l'usage constant des propriétaires; sans indemnité toutefois en faveur de l'usufruitier ou de ses héritiers, pour les coupes ordinaires, soit de taillis, soit de baliveaux, soit de futaie, qu'il n'aurait pas faites pendant sa jouissance.

Les arbres qu'on peut tirer d'une pépinière sans la dégrader, ne font aussi partie de l'usufruit qu'à la charge par l'usufruitier de se conformer aux usages des lieux pour le remplacement.

591. L'usufruitier profite encore, toujours en se conformant aux époques et à l'usage des anciens propriétaires, des parties de bois de haute futaie qui ont été mises en coupes réglées, soit que ces coupes se fassent périodiquement sur une certaine étendue de terrain, soit qu'elles se fassent d'une certaine quantité d'arbres pris indistinctement sur toute la surface du domaine.

592. Dans tous les autres cas, l'usufruitier ne peut toucher aux arbres de haute futaie : il peut seulement employer, pour faire les réparations dont il est tenu, les arbres arrachés ou brisés par accident ; il peut même, pour cet objet, en faire abattre s'il est nécessaire, mais à la charge d'en faire constater la nécessité avec le propriétaire.

593. Il peut prendre, dans les bois, des échalas pour les vignes; il peut aussi prendre, sur les arbres, des produits annuels ou périodiques; le tout suivant l'usage du pays ou la coutume des propriétaires.

594. Les arbres fruitiers qui meurent, ceux même qui sont arrachés ou brisés par accident, appartiennent à l'usufruitier, à la charge de les remplacer par d'autres.

595. L'usufruitier peut jouir par lui-même, donner à ferme à un autre, ou même vendre ou céder son droit à

titre gratuit. S'il donne à ferme, il doit se conformer, pour les époques où les baux doivent être renouvelés, et pour leur durée, aux règles établies pour le mari à l'égard des biens de la femme, au titre *du Contrat de mariage et des Droits respectifs des époux*.

596. L'usufruitier jouit de l'augmentation survenue par alluvion à l'objet dont il a l'usufruit.

597. Il jouit des droits de servitude, de passage et généralement de tous les droits dont le propriétaire peut jouir, et il en jouit comme le propriétaire lui-même.

598. Il jouit aussi, de la même manière que le propriétaire, des mines et carrières qui sont en exploitation à l'ouverture de l'usufruit; et néanmoins, s'il s'agit d'une exploitation qui ne puisse être faite sans une concession, l'usufruitier ne pourra en jouir qu'après en avoir obtenu la permission du Roi.

Il n'a aucun droit aux mines et carrières non encore ouvertes, ni aux tourbières dont l'exploitation n'est point encore commencée, ni au trésor qui pourrait être découvert pendant la durée de l'usufruit.

599. Le propriétaire ne peut, par son fait, ni de quelque manière que ce soit, nuire aux droits de l'usufruitier.

De son côté, l'usufruitier ne peut, à la cessation de l'usufruit, réclamer aucune indemnité pour les améliorations qu'il prétendrait avoir faites, encore que la valeur de la chose en fût augmentée.

Il peut cependant, ou ses héritiers, enlever les glaces, tableaux et autres ornements qu'il aurait fait placer, mais à la charge de rétablir les lieux dans leur premier état.

SECTION II.

DES OBLIGATIONS DE L'USUFRUITIER.

Art. 600. L'usufruitier prend les choses dans l'état où elles sont; mais il ne peut entrer en jouissance qu'après avoir fait dresser, en présence du propriétaire, ou lui dûment appelé, un inventaire des meubles et un état des immeubles sujets à l'usufruit.

601. Il donne caution de jouir en bon père de famille, s'il n'en est dispensé par l'acte constitutif de l'usufruit; cependant, les père et mère ayant l'usufruit légal du bien de leurs enfants, le vendeur ou le donateur, sous réserve d'usufruit, ne sont pas tenus de donner caution.

602. Si l'usufruitier ne trouve pas de caution, les immeubles sont donnés à ferme ou mis en séquestre ;

Les sommes comprises dans l'usufruit sont placées ;

Les denrées sont vendues et le prix en provenant est pareillement placé;

Les intérêts de ces sommes et les prix des fermes appartiennent, dans ce cas, à l'usufruitier.

603. A défaut d'une caution de la part de l'usufruitier, le propriétaire peut exiger que les meubles qui dépérissent par l'usage soient vendus, pour le prix en être placé comme celui des denrées; et alors l'usufruitier jouit de l'intérêt pendant son usufruit : cependant l'usufruitier pourra demander, et les juges pourront ordonner, suivant les circonstances, qu'une partie des meubles nécessaires pour son usage lui soit délaissée, sous sa simple caution juratoire, et à la charge de les représenter à l'extinction de l'usufruit.

604. Le retard de donner caution ne prive pas l'usufruitier des fruits auxquels il peut avoir droit; ils lui sont dus du moment où l'usufruit a été ouvert.

605. L'usufruitier n'est tenu qu'aux réparations d'entretien.

Les grosses réparations demeurent à la charge du propriétaire, à moins qu'elles n'aient été occasionnées par le défaut de réparations d'entretien, depuis l'ouverture de l'usufruit; auquel cas l'usufruitier en est aussi tenu.

606. Les grosses réparations sont celles des gros murs et des voûtes, le rétablissement des poutres et des couvertures entières;

Celui des digues et des murs de soutènement et de clôture aussi en entier.

Toutes les autres réparations sont d'entretien.

607. Ni le propriétaire, ni l'usufruitier, ne sont tenus de rebâtir ce qui est tombé de vétusté, ou ce qui a été détruit par cas fortuit.

608. L'usufruitier est tenu, pendant sa jouissance, de toutes les charges annuelles de l'héritage, telles que les contributions et autres qui dans l'usage sont censées charges des fruits.

609. A l'égard des charges qui peuvent être imposées sur la propriété pendant la durée de l'usufruit, l'usufruitier et le propriétaire y contribuent ainsi qu'il suit :

Le propriétaire est obligé de les payer, et l'usufruitier doit lui tenir compte des intérêts.

Si elles sont avancées par l'usufruitier, il a la répétition du capital à la fin de l'usufruit.

610. Le legs fait par un testateur, d'une rente viagère ou pension alimentaire, doit être acquitté par le légataire universel de l'usufruit dans son intégrité, et par le légataire à titre universel de l'usufruit dans la proportion de sa jouissance, sans aucune répétition de leur part.

611. L'usufruitier à titre particulier n'est pas tenu des dettes auxquelles le fonds est hypothéqué : s'il est forcé de les payer, il a son recours contre le propriétaire, sauf ce qui est dit à l'article 1020, au titre *des Donations entre-vifs et des Testaments*.

612. L'usufruitier, ou universel, ou à titre universel, doit contribuer avec le propriétaire au payement des dettes, ainsi qu'il suit :

On estime la valeur du fonds sujet à usufruit; on fixe ensuite la contribution aux dettes à raison de cette valeur.

Si l'usufruitier veut avancer la somme pour laquelle le fonds doit contribuer, le capital lui en est restitué à la fin de l'usufruit, sans aucun intérêt.

Si l'usufruitier ne veut pas faire cette avance, le propriétaire a le choix, ou de payer cette somme, et, dans ce cas, l'usufruitier lui tient compte des intérêts pendant la durée de l'usufruit, ou de faire vendre jusqu'à due concurrence une portion des biens soumis à l'usufruit.

613. L'usufruitier n'est tenu que des frais des procès qui concernent la jouissance, et des autres condamnations auxquelles ces procès pourraient donner lieu.

614. Si, pendant la durée de l'usufruit, un tiers commet quelque usurpation sur le fonds, ou attente autrement aux droits du propriétaire, l'usufruitier est tenu de le dénoncer à celui-ci : faute de ce, il est responsable de tout le dommage qui peut en résulter pour le propriétaire, comme il le serait de dégradations commises par lui-même.

615. Si l'usufruit n'est établi que sur un animal qui vient à périr sans la faute de l'usufruitier, celui-ci n'est pas tenu d'en rendre un autre, ni d'en payer l'estimation.

616. Si le troupeau sur lequel un usufruit a été établi, périt entièrement par accident ou par maladie, et sans la

faute de l'usufruitier, celui-ci n'est tenu envers le propriétaire que de lui rendre compte des cuirs ou de leur valeur.

Si le troupeau ne périt pas entièrement, l'usufruitier est tenu de remplacer, jusqu'à concurrence du croît, les têtes des animaux qui ont péri.

SECTION III.

COMMENT L'USUFRUIT PREND FIN.

Art. 617. L'usufruit s'éteint,

Par la mort naturelle et par la mort civile de l'usufruitier (1) ;

Par l'expiration du temps pour lequel il a été accordé ;

Par la consolidation ou la réunion, sur la même tête, des deux qualités d'usufruitier et de propriétaire ;

Par le non-usage du droit pendant trente ans ;

Par la perte totale de la chose sur laquelle l'usufruit est établi.

618. L'usufruit peut aussi cesser par l'abus que l'usufruitier fait de sa jouissance, soit en commettant des dégradations sur le fonds, soit en le laissant dépérir faute d'entretien.

Les créanciers de l'usufruitier peuvent intervenir dans les contestations, pour la conservation de leurs droits; ils peuvent offrir la réparation des dégradations commises, et des garanties pour l'avenir.

Les juges peuvent, suivant la gravité des circonstances, ou prononcer l'extinction absolue de l'usufruit, ou n'ordonner la rentrée du propriétaire dans la jouissance de l'objet qui en est grevé, que sous la charge de payer annuellement à l'usufruiter, ou à ses ayants cause, une somme déterminée jusqu'à l'instant où l'usufruit aurait dû cesser.

619. L'usufruit qui n'est pas accordé à des particuliers, ne dure que trente ans.

620. L'usufruit accordé jusqu'à ce qu'un tiers ait atteint un âge fixe, dure jusqu'à cette époque, encore que le tiers soit mort avant l'âge fixé.

621. La vente de la chose sujette à usufruit ne fait aucun changement dans le droit de l'usufruitier ; il continue de jouir de son usufruit s'il n'y a pas formellement renoncé.

622. Les créanciers de l'usufruitier peuvent faire annuler la renonciation qu'il aurait faite à leur préjudice.

(1) La loi du 31 mai 1854 a aboli la mort civile.

623. Si une partie seulement de la chose soumise à l'usufruit est détruite, l'usufruit se conserve sur ce qui reste.

624. Si l'usufruit n'est établi que sur un bâtiment, et que ce bâtiment soit détruit par un incendie ou autre accident, ou qu'il s'écroule de vétusté, l'usufruitier n'aura le droit de jouir ni du sol ni des matériaux.

Si l'usufruit était établi sur un domaine dont le bâtiment faisait partie, l'usufruitier jouirait du sol et des matériaux.

CHAPITRE II.

DE L'USAGE ET DE L'HABITATION.

Art. 625. Les droits d'usage et d'habitation s'établissent et se perdent de la même manière que l'usufruit.

626. On ne peut en jouir, comme dans le cas de l'usufruit, sans donner préalablement caution, et sans faire des états et inventaires.

627. L'usager, et celui qui a un droit d'habitation, doivent jouir en bons pères de famille.

628. Les droits d'usage et d'habitation se règlent par le titre qui les a établis, et reçoivent, d'après ses dispositions, plus ou moins d'étendue.

629. Si le titre ne s'explique pas sur l'étendue de ces droits, ils sont réglés ainsi qu'il suit.

630. Celui qui a l'usage des fruits d'un fonds, ne peut en exiger qu'autant qu'il lui en faut pour ses besoins et ceux de sa famille.

Il peut en exiger pour les besoins même des enfants qui lui sont survenus depuis la concession de l'usage.

631. L'usager ne peut céder ni louer son droit à un autre.

632. Celui qui a un droit d'habitation dans une maison, peut y demeurer avec sa famille, quand même il n'aurait pas été marié à l'époque où ce droit lui a été donné.

633. Le droit d'habitation se restreint à ce qui est nécessaire pour l'habitation de celui à qui ce droit est concédé, et de sa famille.

634. Le droit d'habitation ne peut être ni cédé ni loué.

635. Si l'usager absorbe tous les fruits du fonds, ou s'il occupe la totalité de la maison, il est assujetti aux frais de culture, aux réparations d'entretien, et au payement des contributions, comme l'usufruitier.

S'il ne prend qu'une partie des fruits, ou s'il n'occupe qu'une partie de la maison, il contribue au prorata de ce dont il jouit.

636. L'usage des bois et forêts est réglé par des lois particulières.

TITRE IV.

DES SERVITUDES OU SERVICES FONCIERS.

Art. 637. Une servitude est une charge imposée sur un héritage pour l'usage et l'utilité d'un héritage appartenant à un autre propriétaire.

638. La servitude n'établit aucune prééminence d'un héritage sur l'autre.

639. Elle dérive ou de la situation naturelle des lieux, ou des obligations imposées par la loi, ou des conventions entre les propriétaires.

CHAPITRE PREMIER.

DES SERVITUDES QUI DÉRIVENT DE LA SITUATION DES LIEUX.

Art. 640. Les fonds inférieurs sont assujettis envers ceux qui sont plus élevés, à recevoir les eaux qui en découlent naturellement sans que la main de l'homme y ait contribué. — Le propriétaire inférieur ne peut point élever de digue qui empêche cet écoulement. — Le propriétaire supérieur ne peut rien faire qui aggrave la servitude du fonds inférieur.

CHAPITRE II.

DES SERVITUDES ÉTABLIES PAR LA LOI.

Art. 651. La loi assujettit les propriétaires à différentes obligations l'un à l'égard de l'autre, indépendamment de toute convention.

652. Partie de ces obligations est réglée par les lois sur la police rurale.

Les autres sont relatives au mur et au fossé mitoyens au cas où il y a lieu à contre-mur, aux vues sur la propriété du voisin, à l'égout des toits, au droit de passage.

SECTION PREMIÈRE.

DU MUR ET DU FOSSÉ MITOYENS.

Art. 653. Dans les villes et les campagnes, tout mur servant de séparation entre bâtiments jusqu'à l'héberge, ou entre cours et jardins, et même entre enclos dans les champs, est présumé mitoyen, s'il n'y a titre ou marque du contraire.

654. Il y a marque de non-mitoyenneté lorsque la sommité du mur est droite et à plomb de son parement d'un côté, et présente de l'autre un plan incliné ;

Lors encore qu'il n'y a que d'un côté ou un chaperon ou des filets et corbeaux de pierre qui y auraient été mis en bâtissant le mur.

Dans ces cas, le mur est censé appartenir exclusivement au propriétaire du côté duquel sont l'égout ou les corbeaux et filets de pierre.

655. La réparation et la reconstruction du mur mitoyen sont à la charge de tous ceux qui y ont droit, et proportionnellement au droit de chacun.

656. Cependant tout copropriétaire d'un mur mitoyen peut se dispenser de contribuer aux réparations et reconstructions en abandonnant le droit de mitoyenneté, pourvu que le mur mitoyen ne soutienne pas un bâtiment qui lui appartienne.

657. Tout copropriétaire peut faire bâtir contre un mur mitoyen, et y faire placer des poutres ou solives dans toute l'épaisseur du mur, à cinquante-quatre millimètres (deux pouces) près, sans préjudice du droit qu'a le voisin de faire réduire à l'ébauchoir la poutre jusqu'à la moitié du mur, dans le cas où il voudrait lui-même asseoir des poutres dans le même lieu, ou y adosser une cheminée.

658. Tout copropriétaire peut faire exhausser le mur mitoyen ; mais il doit payer seul la dépense de l'exhaussement, les réparations d'entretien au-dessus de la hauteur de la clôture commune, et en outre l'indemnité de la charge en raison de l'exhaussement et suivant la valeur (1).

659. Si le mur mitoyen n'est pas en état de supporter l'exhaussement, celui qui veut l'exhausser doit le faire reconstruire en entier à ses frais, et l'excédant d'épaisseur doit se prendre de son côté.

660. Le voisin qui n'a pas contribué à l'exhaussement, peut en acquérir la mitoyenneté en payant la moitié de la dépense qu'il a coûté, et la valeur de la moitié du sol fourni pour l'excédant d'épaisseur, s'il y en a.

(1) Coutume de Paris :

Art. 197. Les Charges sont de payer et de rembourser par celui qui se loge et héberge sur et contre le mur mitoyen de six toises l'une, de ce qui sera bâti au-dessus de dix pieds.

661. Tout propriétaire joignant un mur a de même la faculté de le rendre mitoyen en tout ou partie, en remboursant au maître du mur la moitié de sa valeur, ou la moitié de la valeur de la portion qu'il veut rendre mitoyenne, et moitié de la valeur du sol sur lequel le mur est bâti.

662. L'un des voisins ne peut pratiquer dans le corps d'un mur mitoyen aucun enfoncement, ni y appliquer ou appuyer aucun ouvrage sans le consentement de l'autre, ou sans avoir, à son refus, fait régler par experts les moyens nécessaires pour que le nouvel ouvrage ne soit pas nuisible aux droits de l'autre.

663. Chacun peut contraindre son voisin, dans les villes et faubourgs, à contribuer aux constructions et réparations de la clôture faisant séparation de leurs maisons, cours et jardins assis èsdites villes et faubourgs : la hauteur de la clôture sera fixée suivant les règlements particuliers ou les usages constants et reconnus ; et, à défaut d'usages et de règlements, tout mur de séparation entre voisins, qui sera construit ou rétabli à l'avenir, doit avoir au moins trente-deux décimètres (dix pieds) de hauteur, compris le chaperon, dans les villes de cinquante mille âmes et au-dessus, et vingt-six décimètres (huit pieds) dans les autres.

664. Lorsque les différents étages d'une maison appartiennent à divers propriétaires, si les titres de propriété ne règlent pas le mode de réparations et reconstructions, elles doivent être faites ainsi qu'il suit :

Les gros murs et le toit sont à la charge de tous les propriétaires, chacun en proportion de la valeur de l'étage qui lui appartient.

Le propriétaire de chaque étage fait le plancher sur lequel il marche.

Le propriétaire du premier étage fait l'escalier qui y conduit ; le propriétaire du second étage fait, à partir du premier, l'escalier qui conduit chez lui, et ainsi de suite.

665. Lorsqu'on reconstruit un mur mitoyen ou une maison, les servitudes actives et passives se continuent à l'égard du nouveau mur ou de la nouvelle maison, sans toutefois qu'elles puissent être aggravées, et pourvu que la reconstruction se fasse avant que la prescription soit acquise.

SECTION II.

DE LA DISTANCE ET DES OUVRAGES INTERMÉDIAIRES REQUIS POUR CERTAINES CONSTRUCTIONS.

Art. 674. Celui qui fait creuser un puits ou une fosse d'aisances près d'un mur mitoyen ou non ;

Celui qui veut y construire cheminée ou âtre, forge, four ou fourneau,

Y adosser une étable,

Ou établir contre ce mur un magasin de sel ou amas de matières corrosives,

Est obligé à laisser la distance prescrite par les règlements et usages particuliers sur ces objets, ou à faire les ouvrages prescrits par les mêmes règlements et usages, pour éviter de nuire au voisin.

SECTION III.

DES VUES SUR LA PROPRIÉTÉ DE SON VOISIN.

Art. 675. L'un des voisins ne peut, sans le consentement de l'autre, pratiquer dans le mur mitoyen aucune fenêtre ou ouverture, en quelque manière que ce soit, même à verre dormant.

676. Le propriétaire d'un mur non mitoyen, joignant immédiatement l'héritage d'autrui, peut pratiquer dans ce mur des jours ou fenêtres à fer maillé et verre dormant. Ces fenêtres doivent être garnies d'un treillis de fer, dont les mailles auront un décimètre (environ trois pouces huit lignes) d'ouverture au plus, et d'un châssis à verre dormant.

677. Ces fenêtres ou jours ne peuvent être établis qu'à vingt-six décimètres (huit pieds) au-dessus du plancher ou sol de la chambre qu'on veut éclairer, si c'est à rez-de-chaussée, et à dix-neuf décimètres (six pieds) au-dessus du plancher pour les étages supérieurs.

678. On ne peut avoir des vues droites ou fenêtres d'aspect, ni balcons ou autres semblables saillies sur l'héritage clos ou non clos de son voisin, s'il n'y a dix-neuf décimètres (six pieds) de distance entre le mur où on les pratique et ledit héritage.

679. On ne peut avoir des vues par côté ou obliques sur le même héritage, s'il n'y a six décimètres (deux pieds) de distance.

680. La distance dont il est parlé dans les deux articles précédents, se compte depuis le parement extérieur du mur où l'ouverture se fait, et, s'il y a balcons ou autres semblables saillies, depuis leur ligne extérieure jusqu'à la ligne de séparation des deux propriétés.

SECTION IV.

DE L'ÉGOUT DES TOITS.

Art. 681. Tout propriétaire doit établir des toits de manière que les eaux pluviales s'écoulent sur son terrain ou sur la voie publique ; il ne peut les faire verser sur le fonds de son voisin.

CHAPITRE III.

DES SERVITUDES ÉTABLIES PAR LE FAIT DE L'HOMME.

SECTION PREMIERE.

DES DIVERSES ESPÈCES DE SERVITUDES QUI PEUVENT ÊTRE ÉTABLIES SUR LES BIENS.

Art. 686. Il est permis aux propriétaires d'établir sur leurs propriétés, ou en faveur de leurs propriétés, telles servitudes que bon leur semble, pourvu néanmoins que les services établis ne soient imposés ni à la personne, ni en faveur de la personne, mais seulement à un fonds et pour un fonds, et pourvu que ces services n'aient d'ailleurs rien de contraire à l'ordre public.

L'usage et l'étendue des servitudes ainsi établies se règlent par le titre qui les constitue ; à défaut de titre, par les règles ci-après.

687. Les servitudes sont établies ou pour l'usage des bâtiments, ou pour celui des fonds de terre.

Celles de la première espèce s'appellent *urbaines*, soit que les bâtiments auxquels elles sont dues soient situés à la ville ou à la campagne.

Celles de la seconde espèce se nomment *rurales*.

688. Les servitudes sont ou continues, ou discontinues.

Les servitudes continues sont celles dont l'usage est ou peut être continuel sans avoir besoin du fait actuel de l'homme : tels sont les conduites d'eau, les égouts, les vues et autres de cette espèce.

Les servitudes discontinues sont celles qui ont besoin du

fait actuel de l'homme pour être exercées : tels sont les droits de passage, puisage, pacage et autres semblables.

689. Les servitudes sont apparentes, ou non apparentes.

Les servitudes apparentes sont celles qui s'annoncent par des ouvrages extérieurs, tels qu'une porte, une fenêtre, un aqueduc.

Les servitudes non apparentes sont celles qui n'ont pas de signe extérieur de leur existence, comme, par exemple, la prohibition de bâtir sur un fonds, ou de ne bâtir qu'à une hauteur déterminée.

SECTION II.

COMMENT S'ÉTABLISSENT LES SERVITUDES.

Art. 690. Les servitudes continues et apparentes s'acquièrent par titre, ou par la possession de trente ans.

691. Les servitudes continues non apparentes et les servitudes discontinues apparentes ou non apparentes, ne peuvent s'établir que par titres.

La possession même immémoriale ne suffit pas pour les établir ; sans cependant qu'on puisse attaquer aujourd'hui les servitudes de cette nature déjà acquises par la possession, dans les pays où elles pouvaient s'acquérir de cette manière.

692. La destination du père de famille vaut titre à l'égard des servitudes continues et apparentes.

693. Il n'y a destination du père de famille que lorsqu'il est prouvé que les deux fonds actuellement divisés ont appartenu au même propriétaire, et que c'est par lui que les choses ont été mises dans l'état duquel résulte la servitude.

694. Si le propriétaire de deux héritages entre lesquels il existe un signe apparent de servitude, dispose de l'un des héritages sans que le contrat contienne aucune convention relative à la servitude, elle continue d'exister activement ou passivement en faveur du fonds aliéné ou sur le fonds aliéné.

695. Le titre constitutif de la servitude, à l'égard de celles qui ne peuvent s'acquérir par la prescription, ne peut être remplacé que par un titre récognitif de la servitude, et émané du propriétaire du fonds asservi.

696. Quand on établit une servitude, on est censé accorder tout ce qui est nécessaire pour en user.

Ainsi la servitude de puiser de l'eau à la fontaine d'autrui, emporte nécessairement le droit de passage.

SECTION III.

DES DROITS DU PROPRIÉTAIRE DU FONDS AUQUEL LA SERVITUDE EST DUE.

Art. 697. Celui auquel est due une servitude, a droit de faire tous les ouvrages nécessaires pour en user et pour la conserver.

698. Ces ouvrages sont à ses frais, et non à ceux du propriétaire du fonds assujetti : à moins que le titre d'établissement de la servitude ne dise le contraire.

699. Dans le cas même où le propriétaire du fonds assujetti est chargé par le titre de faire à ses frais les ouvrages nécessaires pour l'usage ou la conservation de la servitude, il peut toujours s'affranchir de la charge, en abandonnant le fonds assujetti au propriétaire du fonds auquel la servitude est due.

700. Si l'héritage pour lequel la servitude a été établie vient à être divisé, la servitude reste due pour chaque portion, sans néanmoins que la condition du fonds assujetti soit aggravée.

Ainsi, par exemple, s'il s'agit d'un droit de passage, tous les copropriétaires seront obligés de l'exercer par le même endroit.

701. Le propriétaire du fonds débiteur de la servitude ne peut rien faire qui tende à en diminuer l'usage ou à le rendre plus incommode.

Ainsi il ne peut changer l'état des lieux, ni transporter l'exercice de la servitude dans un endroit différent de celui où elle a été primitivement assignée.

Mais cependant, si cette assignation primitive était devenue plus onéreuse au propriétaire du fonds assujetti, ou si elle l'empêchait d'y faire des réparations avantageuses, il pourrait offrir au propriétaire de l'autre fonds un endroit aussi commode pour l'exercice de ses droits, et celui-ci ne pourrait pas le refuser.

702. De son côté, celui qui a un droit de servitude, ne peut en user que suivant son titre, sans pouvoir faire, ni dans le fonds qui doit la servitude, ni dans le fonds à qui elle est due, de changement qui aggrave la condition du premier.

SECTION IV.

COMMENT LES SERVITUDES S'ÉTEIGNENT.

Art. 703. Les servitudes cessent lorsque les choses se trouvent en tel état qu'on ne peut plus en user.

704. Elles revivent si les choses sont rétablies de manière qu'on puisse en user ; à moins qu'il ne se soit déjà écoulé un espace de temps suffisant pour faire présumer l'extinction de la servitude, ainsi qu'il est dit à l'article 707.

705. Toute servitude est éteinte lorsque le fonds à qui elle est due, et celui qui la doit, sont réunis dans la même main.

706. La servitude est éteinte par le non-usage pendant trente ans.

707. Les trente ans commencent à courir, selon les diverses espèces de servitudes, ou du jour où l'on a cessé d'en jouir, lorsqu'il s'agit de servitudes discontinues, ou du jour où il a été fait un acte contraire à la servitude, lorsqu'il s'agit de servitudes continues.

708. Le mode de la servitude peut se prescrire comme la servitude même et de la même manière.

709. Si l'héritage en faveur duquel la servitude est établie appartient à plusieurs par indivis, la jouissance de l'un empêche la prescription à l'égard de tous.

710. Si parmi les copropriétaires il s'en trouve un contre lequel la prescription n'ait pu courir, comme un mineur, il aura conservé le droit de tous les autres.

CODE CIVIL. — LIVRE III.

TITRE V.

DU CONTRAT DE MARIAGE.

Art. 1429. Les baux que le mari seul a faits des biens de sa femme pour un temps qui excède neuf ans, ne sont, en cas de dissolution de la communauté, obligatoires vis-à-vis de la femme ou de ses héritiers que pour le temps qui reste à courir soit de la première période de neuf ans, si les parties s'y trouvent encore, soit de la seconde, et ainsi de suite, de manière que le fermier n'ait que le droit d'achever la jouissance de la période de neuf ans où il se trouve.

1430. Les baux de neuf ans ou au-dessous que le mari seul a passés ou renouvelés des biens de sa femme, plus de trois ans avant l'expiration du bail courant s'il s'agit de biens ruraux, et plus de deux ans avant la même époque s'il s'agit de maisons, sont sans effet, à moins que leur exécution n'ait commencé avant la dissolution de la communauté.

1449. La femme séparée soit de corps et de biens, soit de biens seulement, en reprend la libre administration.

Elle peut disposer de son mobilier et l'aliéner.

Elle ne peut aliéner ses immeubles sans le consentement du mari, ou sans être autorisée en justice à son refus.

SECTION IV.

Art. 1465. La veuve, soit qu'elle accepte, soit qu'elle renonce, a droit, pendant les trois mois et quarante jours qui lui sont accordés pour faire inventaire et délibérer, de prendre sa nourriture et celle de ses domestiques sur les provisions existantes, et, à défaut, par emprunt au compte de la masse commune, à la charge d'en user modérément.

Elle ne doit aucun loyer à raison de l'habitation qu'elle a pu faire, pendant ces délais, dans une maison dépendante de la communauté, ou appartenant aux héritiers du mari; et si la maison qu'habitaient les époux à l'époque de la dissolution de la communauté, était tenue par eux à titre de loyer, la femme ne contribuera point, pendant les mêmes délais, au payement dudit loyer, lequel sera pris sur la masse.

CODE CIVIL. — LIVRE III.

TITRE VIII.

DU CONTRAT DE LOUAGE.

CHAPITRE PREMIER.

DISPOSITIONS GÉNÉRALES.

Art. 1708. Il y a deux sortes de contrats de louage :

Celui des choses,

Et celui d'ouvrage.

1709. Le louage des choses est un contrat par lequel l'une des parties s'oblige à faire jouir l'autre d'une chose pendant un certain temps, et moyennant un certain prix que celle-ci s'oblige de lui payer.

1711. Ces deux genres de louage se subdivisent encore en plusieurs espèces particulières :

On appelle *bail à loyer*, le louage des maisons et celui des meubles;

Bail à ferme, celui des héritages ruraux ;

Loyer, le louage du travail ou du service ;

Bail à cheptel, celui des animaux dont le profit se partage entre le propriétaire et celui à qui il les confie.

Les *devis*, *marché* ou *prix fait*, pour l'entreprise d'un ouvrage moyennant un prix déterminé, sont aussi un louage, lorsque la matière est fournie par celui pour qui l'ouvrage se fait.

Ces trois dernières espèces ont des règles particulières.

1712. Les baux des biens nationaux, des biens des communes et des établissements publics, sont soumis à des règlements particuliers.

CHAPITRE II.

DU LOUAGE DES CHOSES.

Art. 1713. On peut louer toutes sortes de biens meubles ou immeubles.

SECTION PREMIÈRE.

DES RÈGLES COMMUNES AUX BAUX DES MAISONS ET DES BIENS RURAUX.

Art. 1714. On peut louer ou par écrit, ou verbalement.

1715. Si le bail fait sans écrit n'a encore reçu aucune exécution, et que l'une des parties le nie, la preuve ne peut être reçue par témoins, quelque modique qu'en soit le prix, et quoiqu'on allègue qu'il y a eu des arrhes données.

Le serment peut seulement être déféré à celui qui nie le bail.

1716. Lorsqu'il y aura contestation sur le prix du bail verbal dont l'exécution a commencé, et qu'il n'existera point de quittance, le propriétaire en sera cru sur son serment, si mieux n'aime le locataire demander l'estimation par experts; auquel cas les frais de l'expertise restent à sa charge, si l'estimation excède le prix qu'il a déclaré.

1717. Le preneur a le droit de sous-louer, et même de

céder son bail à un autre, si cette faculté ne lui a pas été interdite.

Elle peut être interdite pour le tout ou partie.

Cette clause est toujours de rigueur.

1718. Les articles du titre *du Contrat de mariage et des Droits respectifs des époux*, relatifs aux baux des biens des femmes mariées, sont applicables aux baux des biens des mineurs.

1719. Le bailleur est obligé, par la nature du contrat, et sans qu'il soit besoin d'aucune stipulation particulière,

1° De délivrer au preneur la chose louée;

2° D'entretenir cette chose en état de servir à l'usage pour lequel elle a été louée;

3° D'en faire jouir paisiblement le preneur pendant la durée du bail.

1720. Le bailleur est tenu de délivrer la chose en bon état de réparations de toute espèce.

Il doit y faire, pendant la durée du bail, toutes les réparations qui peuvent devenir nécessaires, autres que les locatives.

1721. Il est dû garantie au preneur pour tous les vices ou défauts de la chose louée qui en empêchent l'usage, quand même le bailleur ne les aurait pas connus lors du bail.

S'il résulte de ces vices ou défauts quelque perte pour le preneur, le bailleur est tenu de l'indemniser.

1722. Si, pendant la durée du bail, la chose louée est détruite en totalité par cas fortuit, le bail est résilié de plein droit; si elle n'est détruite qu'en partie, le preneur peut, suivant les circonstances, demander ou une diminution du prix, ou la résiliation même du bail. Dans l'un et l'autre cas, il n'y a lieu à aucun dédommagement.

1723. Le bailleur ne peut, pendant la durée du bail, changer la forme de la chose louée.

1724. Si, durant le bail, la chose louée a besoin de réparations urgentes et qui ne puissent être différées jusqu'à sa fin, le preneur doit les souffrir, quelque incommodité qu'elles lui causent, et quoiqu'il soit privé, pendant qu'elles se font, d'une partie de la chose louée.

Mais, si ces réparations durent plus de quarante jours, le prix du bail sera diminué à proportion du temps et de la partie de la chose louée dont il aura été privé.

Si les réparations sont de telle nature qu'elles rendent

inhabitable ce qui est nécessaire au logement du preneur et de sa famille, celui-ci pourra faire résilier le bail.

1725. Le bailleur n'est pas tenu de garantir le preneur du trouble que des tiers apportent par voies de fait à sa jouissance, sans prétendre d'ailleurs aucun droit sur la chose louée; sauf au preneur à les poursuivre en son nom personnel.

1726. Si, au contraire, le locataire ou le fermier ont été troublés dans leur jouissance par suite d'une action concernant la propriété du fonds, ils ont droit à une diminution proportionnée sur le prix du bail à loyer ou à ferme, pourvu que le trouble et l'empêchement aient été dénoncés au propriétaire.

1727. Si ceux qui ont commis les voies de fait prétendent avoir quelque droit sur la chose louée, ou si le preneur est lui-même cité en justice pour se voir condamner au délaissement de la totalité ou de partie de cette chose, ou à souffrir l'exercice de quelque servitude, il doit appeler le bailleur en garantie, et doit être mis hors d'instance, s'il l'exige, en nommant le bailleur pour lequel il possède.

1728. Le preneur est tenu de deux obligations principales :

1° D'user de la chose louée en bon père de famille, et suivant la destination qui lui a été donnée par le bail, ou suivant celle présumée d'après les circonstances, à défaut de convention ;

2° De payer le prix du bail aux termes convenus.

1729. Si le preneur emploie la chose louée à un autre usage que celui auquel elle a été destinée, ou dont il puisse résulter un dommage pour le bailleur, celui-ci peut, suivant les circonstances, faire résilier le bail.

1730. S'il a été fait un état des lieux entre le bailleur et le preneur, celui-ci doit rendre la chose telle qu'il l'a reçue, suivant cet état, excepté ce qui a péri ou a été dégradé par vétusté ou force majeure.

1731. S'il n'a pas été fait d'état des lieux, le preneur est présumé les avoir reçus en bon état de réparations locatives, et doit les rendre tels, sauf la preuve contraire.

1732. Il répond des dégradations ou des pertes qui arrivent pendant sa jouissance, à moins qu'il ne prouve qu'elles ont eu lieu sans sa faute.

1733. Il répond de l'incendie, à moins qu'il ne prouve :

Que l'incendie est arrivé par cas fortuit ou force majeure, ou par vice de construction ;

Ou que le feu a été communiqué par une maison voisine.

1734. S'il y a plusieurs locataires, tous sont solidairement responsables de l'incendie;

A moins qu'ils ne prouvent que l'incendie a commencé dans l'habitation de l'un d'eux, auquel cas celui-là seul en est tenu;

Ou que quelques-uns ne prouvent que l'incendie n'a pu commencer chez eux, auquel cas ceux-là n'en sont pas tenus.

1735. Le preneur est tenu des dégradations et des pertes qui arrivent par le fait des personnes de sa maison ou de ses sous-locataires.

1736. Si le bail a été fait sans écrit, l'une des parties ne pourra donner congé à l'autre qu'en observant les délais fixés par l'usage des lieux (1).

1737. Le bail cesse de plein droit à l'expiration du terme fixé, lorsqu'il a été fait par écrit, sans qu'il soit nécessaire de donner congé.

1738. Si, à l'expiration des baux écrits, le preneur reste et est laissé en possession, il s'opère un nouveau bail dont l'effet est réglé par l'article relatif aux locations faites sans écrit.

1739. Lorsqu'il y a un congé signifié, le preneur, quoiqu'il ait continué sa jouissance, ne peut invoquer la tacite réconduction.

1740. Dans le cas des deux articles précédents, la caution donnée pour le bail ne s'étend pas aux obligations résultant de la prolongation.

1741. Le contrat de louage se résout par la perte de la chose louée, et par le défaut respectif du bailleur et du preneur, de remplir leurs engagements.

1742. Le contrat de louage n'est point résolu par la mort du bailleur, ni par celle du preneur.

1743. Si le bailleur vend la chose louée, l'acquéreur ne peut expulser le fermier ou le locataire qui a un bail authentique ou dont la date est certaine, à moins qu'il ne se soit réservé ce droit par le contrat de bail.

(1) Ce délai est, à Paris, de six mois pour les magasins, usines ou boutiques; six semaines pour les appartements jusqu'à 400 francs de loyer annuel et de trois mois pour les appartements d'un loyer annuel de plus de 400 francs.

1744. S'il a été convenu, lors du bail, qu'en cas de vente, l'acquéreur pourrait expulser le fermier ou locataire, et qu'il n'ait été fait aucune stipulation sur les dommages-intérêts, le bailleur est tenu d'indemniser le fermier ou le locataire de la manière suivante.

1745. S'il s'agit d'une maison, appartement ou boutique, le bailleur paye, à titre de dommages-intérêts, au locataire évincé, une somme égale au prix du loyer, pendant le temps qui, suivant l'usage des lieux, est accordé entre le congé et la sortie.

1746. S'il s'agit de biens ruraux, l'indemnité que le bailleur doit payer au fermier est du tiers du prix du bail pour tout le temps qui reste à courir.

1747. L'indemnité se réglera par experts, s'il s'agit de manufactures, usines, ou autres établissements qui exigent de grandes avances.

1748. L'acquéreur qui veut user de la faculté réservée par le bail, d'expulser le fermier ou locataire en cas de vente, est, en outre, tenu d'avertir le locataire au temps d'avance usité dans le lieu pour les congés.

Il doit aussi avertir le fermier des biens ruraux, au moins un an à l'avance.

1749. Les fermiers ou les locataires ne peuvent être expulsés qu'ils ne soient payés par le bailleur, ou, à son défaut, par le nouvel acquéreur, des dommages-intérêts ci-dessus expliqués.

1750. Si le bail n'est pas fait par acte authentique, ou n'a point de date certaine, l'acquéreur n'est tenu d'aucuns dommages-intérêts.

1751. L'acquéreur à pacte de rachat ne peut user de la faculté d'expulser le preneur, jusqu'à ce que, par l'expiration du délai fixé pour le réméré, il devienne propriétaire incommutable.

SECTION II.

DES RÈGLES PARTICULIÈRES AUX BAUX A LOYER.

Art. 1752. Le locataire qui ne garnit pas la maison de meubles suffisants, peut être expulsé, à moins qu'il ne donne des sûretés capables de répondre du loyer.

1753. Le sous-locataire n'est tenu envers le propriétaire que jusqu'à concurrence du prix de sa sous-location dont il peut être débiteur au moment de la saisie, et sans qu'il puisse opposer des payements faits par anticipation.

Les payements faits par le sous-locataire, soit en vertu d'une stipulation portée en son bail, soit en conséquence de l'usage des lieux, ne sont pas réputés faits par anticipation.

1754. Les réparations locatives ou de menu entretien dont le locataire est tenu, s'il n'y a clause contraire, sont celles désignées comme telles par l'usage des lieux, et, entre autres, les réparations à faire,

Aux âtres, contre-cœurs, chambranles et tablettes des cheminées ;

Au recrépiment du bas des murailles des appartements et autres lieux d'habitation, à la hauteur d'un mètre ;

Aux pavés et carreaux des chambres, lorsqu'il y en a seulement quelques-uns de cassés ;

Aux vitres, à moins qu'elles ne soient cassées par la grêle ou autres accidents extraordinaires et de force majeure, dont le locataire ne peut être tenu ;

Aux portes, croisées, planches de cloison ou de fermeture de boutiques, gonds, targettes et serrures.

1755. Aucune des réparations réputées locatives n'est à la charge des locataires, quand elles ne sont occasionnées que par vétusté ou force majeure.

1756. Le curement des puits et celui des fosses d'aisances sont à la charge du bailleur, s'il n'y a clause contraire.

1757. Le bail des meubles fournis pour garnir une maison entière, un corps de logis entier, une boutique, ou tous autres appartements, est censé fait pour la durée ordinaire des baux de maisons, corps de logis, boutiques ou autres appartements, selon l'usage des lieux.

1758. Le bail d'un appartement meublé est censé fait à l'année, quand il a été fait à tant par an ;

Au mois, quand il a été fait à tant par mois ;

Au jour, s'il a été fait à tant par jour.

Si rien ne constate que le bail soit fait à tant par an, par mois ou par jour, la location est censée faite suivant l'usage des lieux.

1759. Si le locataire d'une maison ou d'un appartement continue sa jouissance après l'expiration du bail par écrit, sans opposition de la part du bailleur, il sera censé les occuper aux mêmes conditions, pour le terme fixé par l'usage des lieux, et ne pourra plus en sortir ni en être expulsé qu'après un congé donné suivant le délai fixé par l'usage des lieux.

1760. En cas de résiliation par la faute du locataire, celui-ci est tenu de payer le prix du bail pendant le temps nécessaire à la relocation, sans préjudice des dommages-intérêts qui ont pu résulter de l'abus.

1761. Le bailleur ne peut résoudre la location, encore qu'il déclare vouloir occuper par lui-même la maison louée, s'il n'y a eu convention contraire.

1762. S'il a été convenu, dans le contrat de louage, que le bailleur pourrait venir occuper la maison, il est tenu de signifier d'avance un congé aux époques déterminées par l'usage des lieux.

SECTION III.

DES DEVIS ET DES MARCHÉS.

Art. 1787. Lorsqu'on charge quelqu'un de faire un ouvrage, on peut convenir qu'il fournira seulement son travail ou son industrie, ou bien qu'il fournira aussi la matière.

1788. Si, dans le cas où l'ouvrier fournit la matière, la chose vient à périr, de quelque manière que ce soit, avant d'être livrée, la perte en est pour l'ouvrier, à moins que le maître ne fût en demeure de recevoir la chose.

1789. Dans le cas où l'ouvrier fournit seulement son travail ou son industrie, si la chose vient à périr, l'ouvrier n'est tenu que de sa faute.

1790. Si, dans le cas de l'article précédent, la chose vient à périr, quoique sans aucune faute de la part de l'ouvrier, avant que l'ouvrage ait été reçu, et sans que le maître fût en demeure de le vérifier, l'ouvrier n'a point de salaire à réclamer, à moins que la chose n'ait péri par le vice de la matière.

1791. S'il s'agit d'un ouvrage à plusieurs pièces ou à la mesure, la vérification peut s'en faire par parties : elle est censée faite pour toutes les parties payées, si le maître paye l'ouvrier en proportion de l'ouvrage fait.

1792. Si l'édifice construit à prix fait périt en tout ou en partie par le vice de la construction, même par le vice du sol, les architectes et entrepreneurs en sont responsables pendant dix ans.

1793. Lorsqu'un architecte ou un entrepreneur s'est chargé de la construction à forfait d'un bâtiment, d'après un plan arrêté et convenu avec le propriétaire du sol, il ne peut demander aucune augmentation de prix, ni sous le prétexte de l'augmentation de la main-d'œuvre ou des matériaux, ni sous celui de changements ou d'augmentations faits sur ce plan, si ces changements ou augmentations n'ont pas été autorisés par écrit et le prix convenu avec le propriétaire.

1794. Le maître peut résilier, par sa seule volonté, le marché à forfait, quoique l'ouvrage soit déjà commencé, en dédommageant l'entrepreneur de toutes ses dépenses, de tous ses travaux, et de tout ce qu'il aurait pu gagner dans cette entreprise.

1795. Le contrat de louage d'ouvrage est dissous par la mort de l'ouvrier, de l'architecte ou entrepreneur.

1796. Mais le propriétaire est tenu de payer en proportion du prix porté par la convention, à leur succession, la valeur des ouvrages faits et celle des matériaux préparés, lors seulement que ces travaux ou ces matériaux peuvent lui être utiles.

1797. L'entrepreneur répond du fait des personnes qu'il emploie.

1798. Les maçons, charpentiers et autres ouvriers qui ont été employés à la construction d'un bâtiment ou d'autres ouvrages faits à l'entreprise, n'ont d'action contre celui pour lequel les ouvrages ont été faits, que jusqu'à concurrence de ce dont il se trouve débiteur envers l'entrepreneur, au moment où leur action est intentée.

1799. Les maçons, charpentiers, serruriers, et autres ouvriers qui font directement des marchés à prix fait, sont astreints aux règles prescrites dans la présente section : ils sont entrepreneurs dans la partie qu'ils traitent.

TITRE XVIII.

DES PRIVILÈGES ET HYPOTHÈQUES.

CHAPITRE PREMIER.

DISPOSITIONS GÉNÉRALES.

Art. 2092. Quiconque s'est obligé personnellement, est tenu de remplir son engagement sur tous ses biens mobiliers et immobiliers, présents et à venir.

2093. Les biens du débiteur sont le gage commun de ses créanciers ; et le prix s'en distribue entre eux par contribution, à moins qu'il n'y ait entre les créanciers des causes légitimes de préférence.

2094. Les causes légitimes de préférence sont les priviléges et hypothèques.

CHAPITRE II.

DES PRIVILÉGES.

2095. Le privilége est un droit que la qualité de la créance donne à un créancier d'être préféré aux autres créanciers, même hypothécaires.

2096. Entre les créanciers privilégiés, la préférence se règle par les différentes qualités des priviléges.

2097. Les créanciers privilégiés qui sont dans le même rang, sont payés par concurrence.

2098. Le privilége, à raison des droits du Trésor royal, et l'ordre dans lequel il s'exerce, sont réglés par les lois qui les concernent.

Le Trésor royal ne peut cependant obtenir de privilége au préjudice des droits antérieurement acquis à des tiers.

2099. Les priviléges peuvent être sur les meubles ou sur les immeubles.

§ II.

DES PRIVILÉGES SUR CERTAINS MEUBLES.

2102. Les créances privilégiées sur certains meubles sont :

1° Les loyers et fermages des immeubles sur les fruits de la récolte de l'année et sur le prix de tout ce qui garnit la maison louée ou la ferme et de tout ce qui sert à l'exploitation de la ferme, savoir : pour tout ce qui est échu, et pour tout ce qui est à échoir, si les baux sont authentiques, ou si, étant sous signature privée, ils ont une date certaine; et, dans ces deux cas, les autres créanciers ont le droit de relouer la maison ou la ferme pour le restant du bail, et de faire leur profit des baux ou fermages, à la charge toutefois de payer au propriétaire tout ce qui lui serait encore dû.

Et, à défaut de baux authentiques, ou lorsque étant sous signature privée, ils n'ont pas une date certaine, pour une année à partir de l'expiration de l'année courante;

Le même privilége a lieu pour les réparations locatives et pour tout ce qui concerne l'exécution du bail.

Néanmoins les sommes dues pour les semences ou pour les frais de la récolte de l'année sont payées sur le prix de la récolte, et celles dues pour ustensiles, sur le prix de ces ustensiles, par préférence au propriétaire, dans l'un et l'autre cas.

Le propriétaire peut saisir les meubles qui garnissent sa maison ou sa ferme, lorsqu'ils ont été déplacés sans son consentement, et il conserve sur eux son privilége, pourvu qu'il ait fait la revendication, savoir : lorsqu'il s'agit du mobilier qui garnissait une ferme, dans le délai de quarante jours; et dans celui de quinzaine, s'il s'agit des meubles garnissant une maison.

SECTION II.

DES PRIVILÉGES SUR LES IMMEUBLES.

Art. 2103. Les créanciers privilégiés sur les immeubles sont :

4° Les architectes, entrepreneurs, maçons et autres ouvriers employés pour édifier, reconstruire ou réparer des bâtiments, canaux, ou autres ouvrages quelconques, pourvu néanmoins que, par un expert nommé d'office par le Tribunal de première instance dans le ressort duquel les bâtiments sont situés, il ait été dressé préalablement un procès-verbal, à l'effet de constater l'état des lieux relativement aux ouvrages que le propriétaire déclarera avoir dessein de faire; et que les ouvrages aient été, dans les six mois au plus de leur perfection, reçus par un expert également nommé d'office;

Mais le montant du privilége ne peut excéder les valeurs constatées par le second procès-verbal, et il se réduit à la plus-value existante à l'époque de l'aliénation de l'immeuble et résultant des travaux qui y ont été faits.

5° Ceux qui ont prêté les deniers pour payer ou rembourser les ouvriers jouissent du même privilége, pourvu que cet emploi soit authentiquement constaté par l'acte d'emprunt et par la quittance des ouvriers, ainsi qu'il a été dit ci-dessus pour ceux qui ont prêté les deniers pour l'acquisition d'un immeuble.

SECTION III.

DES PRIVILÉGES QUI S'ÉTENDENT SUR LES MEUBLES ET LES IMMEUBLES.

2104. Les priviléges qui s'étendent sur les meubles et les immeubles sont ceux énoncés en l'article 2101.

2105. Lorsque à défaut de mobilier les privilégiés énoncés en l'article précédent se présentent pour être payés sur le prix d'un immeuble en concurrence avec les créanciers privilégiés sur l'immeuble, les payements se font dans l'ordre qui suit :

1° Les frais de justice et autres énoncés en l'article 2101 ;

2° Les créances désignées en l'article 2103.

SECTION IV.

COMMENT SE CONSERVENT LES PRIVILÉGES.

Art. 2106. Entre les créanciers, les priviléges ne produisent d'effets à l'égard des immeubles qu'autant qu'ils sont rendus publics par inscription sur les registres du conservateur des hypothèques de la manière déterminée par la loi, et à compter de la date de cette inscription, sous les seules exceptions qui suivent.

2110. Les architectes, entrepreneurs, maçons et autres ouvriers employés pour édifier, reconstruire ou réparer des bâtiments, canaux ou autres ouvrages, et ceux qui ont, pour les payer et rembourser, prêté les deniers dont l'emploi a été constaté, conservent, par la double inscription faite, 1° du procès-verbal qui constate l'état des lieux, 2° du procès-verbal de réception, leur privilége à la date de l''inscription du premier procès-verbal.

2113. Toutes créances privilégiées soumises à la formalité de l'inscription, à l'égard desquelles les conditions ci-dessus prescrites pour conserver le privilége n'ont pas été accomplies, ne cessent pas néanmoins d'être hypothécaires; mais l'hypothèque ne date, à l'égard des tiers, que de l'époque des inscriptions qui auront dû être faites ainsi qu'il sera ci-après expliqué.

CHAPITRE III.

DES HYPOTHÈQUES.

Art. 2114. L'hypothèque est un droit réel sur les immeubles affectés à l'acquittement d'une obligation.

Elle est, de sa nature, indivisible, et subsiste en entier sur tous les immeubles affectés, sur chacun et sur chaque portion de ces immeubles.

Elle les suit dans quelques mains qu'ils passent.

2115. L'hypothèque n'a lieu que dans les cas et suivant les formes autorisées par la loi.

2116. Elle est ou légale, ou judiciaire, ou conventionnelle.

2117. L'hypothèque légale est celle qui résulte de la loi.

L'hypothèque judiciaire est celle qui résulte des jugements ou actes judiciaires.

L'hypothèque conventionnelle est celle qui dépend des conventions, et de la forme extérieure des actes et des contrats.

2118. Sont seuls susceptibles d'hypothèques,

1° Les biens immobiliers qui sont dans le commerce, et leurs accessoires réputés immeubles.

2° L'usufruit des mêmes biens et accessoires pendant le temps de sa durée.

TITRE VINGTIÈME

DE LA PRESCRIPTION.

CHAPITRE PREMIER.

DISPOSITIONS GÉNÉRALES.

Art. 2219. La prescription est un moyen d'acquérir ou de se libérer par un certain laps de temps, et sous les conditions déterminées par la loi.

CHAPITRE II.

DE LA POSSESSION.

Art. 2228. La possession est la détention ou la jouissance d'une chose ou d'un droit que nous tenons ou que nous exerçons par nous-mêmes, ou par un autre qui la tient ou qui l'exerce en notre nom.

2229. Pour pouvoir prescrire, il faut une possession continue et non interrompue, paisible, publique, non équivoque, et à titre de propriétaire.

2230. On est toujours présumé posséder pour soi, et à titre de propriétaire, s'il n'est prouvé qu'on a commencé à posséder pour un autre.

2231. Quand on a commencé à posséder pour autrui, on

est toujours présumé posséder au même titre, s'il n'y a preuve du contraire.

2232. Les actes de pure faculté et ceux de simple tolérance ne peuvent fonder ni possession ni prescription.

2233. Les actes de violence ne peuvent fonder non plus une possession capable d'opérer la prescription. — La possession utile ne commence que lorsque la violence a cessé.

2234. Le possesseur actuel qui prouve avoir possédé anciennement, est présumé avoir possédé dans le temps intermédiaire, sauf la preuve contraire.

2235. Pour compléter la prescription, on peut joindre à sa possession celle de son auteur, de quelque manière qu'on lui ait succédé, soit à titre universel ou particulier, soit à titre lucratif ou onéreux.

CHAPITRE V.

DU TEMPS REQUIS POUR PRESCRIRE.

SECTION PREMIÈRE.

DISPOSITIONS GÉNÉRALES.

2260. La prescription se compte par jours, et non par heures.

2261. Elle est acquise lorsque le dernier jour du terme est accompli.

SECTION II.

DE LA PRESCRIPTION TRENTENAIRE.

2262. Toutes les actions, tant réelles que personnelles, sont prescrites par trente ans, sans que celui qui allègue cette prescription soit obligé d'en rapporter un titre, ou qu'on puisse lui opposer l'exception déduite de la mauvaise foi.

2263. Après vingt-huit ans de la date du dernier titre, le débiteur d'une rente peut être contraint à fournir à ses frais un titre nouveau à son créancier ou à ses ayants cause.

2264. Les règles de la prescription sur d'autres objets que ceux mentionnés dans le présent titre, sont expliquées dans les titres qui leur sont propres.

SECTION III.

DE LA PRESCRIPTION PAR DIX ET VINGT ANS.

2265. Celui qui acquiert de bonne foi et par juste titre un immeuble, en prescrit la propriété par dix ans, si le véritable propriétaire habite dans le ressort de la cour royale dans l'étendue de laquelle l'immeuble est situé; et par vingt ans, s'il est domicilié hors dudit ressort.

2266. Si le véritable propriétaire a eu son domicile en différents temps, dans le ressort et hors du ressort, il faut, pour compléter la prescription, ajouter à ce qui manque aux dix ans de présence, un nombre d'années d'absence double de celui qui manque, pour compléter les dix ans de présence.

2267. Le titre nul par défaut de forme, ne peut servir de base à la prescription de dix et vingt ans.

2268. La bonne foi est toujours présumée, et c'est à celui qui allègue la mauvaise foi à la prouver.

2269. Il suffit que la bonne foi ait existé au moment de l'acquisition.

2270. Après dix ans, l'architecte et les entrepreneurs sont déchargés de la garantie des gros ouvrages qu'ils ont faits ou dirigés.

SECTION IV.

DE QUELQUES PRESCRIPTIONS PARTICULIÈRES.

Art. 2277. Les arrérages de rentes perpétuelles et viagères;

Ceux des pensions alimentaires;

Les loyers des maisons, et le prix de ferme des biens ruraux;

Les intérêts des sommes prêtées, et généralement tout ce qui est payable par année, ou à des termes périodiques plus courts;

Se prescrivent par cinq ans.

2278. Les prescriptions dont il s'agit dans les articles de la présente section, courent contre les mineurs et les interdits, sauf leur recours contre leurs tuteurs.

CODE DE PROCÉDURE CIVILE

Ire PARTIE, LIVRE II, TITRE VII.

Art. 135. L'exécution provisoire sans caution sera ordonnée, s'il y a titre authentique, promesse reconnue, ou condamnation précédente par jugement dont il n'y a point d'appel.

L'exécution provisoire pourra être ordonnée, avec ou sans caution, lorsqu'il s'agira :

2° De réparations urgentes ;

3° D'expulsion des lieux, lorsqu'il n'y a pas de bail, ou que le bail est expiré.

CODE DE PROCÉDURE CIVILE.

Ire PARTIE, LIVRE V, TITRE XII.

DE LA SAISIE IMMOBILIÈRE.

Art. 684. Les baux qui n'auront pas acquis date certaine avant le commandement, pourront être annulés si les créanciers ou l'adjudicataire le demandent.

685. Les loyers et fermages seront immobilisés à partir de la transcription de la saisie, pour être distribués avec le prix de l'immeuble par ordre d'hypothèque. Un simple acte d'opposition à la requête du poursuivant ou de tout autre créancier vaudra saisie-arrêt entre les mains des fermiers et locataires, qui ne pourront se libérer qu'en exécution de mandements de collocation, ou par le versement de loyers ou fermages à la Caisse des consignations ; ce versement aura lieu à leur réquisition, ou sur la simple sommation des créanciers. A défaut d'opposition, les payements faits au débiteur seront valables, et celui-ci sera comptable, comme séquestre judiciaire, des sommes qu'il aura reçues.

DEUXIÈME PARTIE. — TITRE DEUXIÈME.

DU DROIT DES PROPRIÉTAIRES SUR LES MEUBLES, EFFETS ET FRUITS DE LEURS LOCATAIRES ET FERMIERS, OU DE LA SAISIE-GAGERIE ET DE LA SAISIE-ARRÊT SUR DÉBITEURS FORAINS.

Art. 819. Les propriétaires et principaux locataires de maisons ou biens ruraux, soit qu'il y ait bail, soit qu'il n'y en ait pas, peuvent, un jour après le commandement, et sans permission du juge, faire saisir-gager, pour loyers et fermages échus, les effets et fruits étant dans lesdites maisons ou bâtiments ruraux, et sur les terres.

Ils peuvent même faire saisir-gager a l'instant, en vertu de la permission qu'ils en auront obtenue, sur requête, du président du Tribunal de première instance.

Ils peuvent aussi saisir les meubles qui garnissaient la maison ou la ferme, lorsqu'ils ont été déplacés sans leur consentement; et ils conservent sur eux leur privilége, pourvu qu'ils en aient fait la revendication, conformément à l'article 2102 du Code civil.

820. Peuvent les effets des sous-fermiers et sous-locataires, garnissant les lieux par eux occupés, et les fruits des terres qu'ils sous-louent, être saisis-gagés pour les loyers et fermages dus par le locataire ou fermier de qui ils tiennent; mais ils obtiendront main-levée en justifiant qu'ils ont payé sans fraude, et sans qu'ils puissent opposer des payements faits par anticipation.

821. La saisie-gagerie sera faite en la même forme que la saisie-exécution; le saisi pourra être constitué gardien; et s'il y a des fruits, elle sera faite dans la forme établie par le titre IX du livre précédent.

824. Il ne pourra être procédé à la vente sur les saisies énoncées au présent titre, qu'après qu'elles auront été déclarées valables : le saisi, dans le cas de l'article 821, le saisissant, dans le cas de l'article 823, ou le gardien, s'il en a été établi, seront condamnés par corps à la représentation des effets.

825. Seront, au surplus, observées les règles ci-devant prescrites pour la saisie-exécution, la vente et la distribution des deniers.

CODE DE COMMERCE.

Loi *du* 12-19 *février* 1872 *qui modifie et remplace les articles* 450 *et* 550 *du Code de commerce.*

Art. 1er. Les articles 450 et 550 du Code de commerce sont modifiés et remplacés par les dispositions suivantes :

Art. 450. Les syndics auront, pour les baux des immeubles affectés à l'industrie ou au commerce du failli, y compris les locaux dépendant de ces immeubles et servant à l'habitation du failli et de sa famille, huit jours à partir de l'expiration du délai accordé par l'article 492 du Code de commerce, aux créanciers domiciliés en France, pour la vérification de leurs créances, pendant lesquels ils pourront notifier au propriétaire leur intention de continuer le bail, à la charge de satisfaire à toutes les obligations du locataire.

Cette notification ne pourra avoir lieu qu'avec l'autorisation du juge-commissaire et le failli entendu.

Jusqu'à l'expiration de ces huit jours, toutes voies d'exécution sur les effets mobiliers servant à l'exploitation du commerce ou de l'industrie du failli, et toutes actions en résiliation du bail seront suspendues, sans préjudice de toutes mesures conservatoires et du droit qui serait acquis au propriétaire de reprendre possession des lieux loués. Dans ce cas, la suspension des voies d'exécution établie au présent article cessera de plein droit.

Le bailleur devra, dans les quinze jours qui suivront la notification qui lui serait faite par les syndics, former sa demande en résiliation.

Faute par lui de l'avoir formée dans ledit délai, il sera réputé avoir renoncé à se prévaloir des causes de résiliation déjà existantes à son profit.

Art. 550. L'article 2102 du Code civil est ainsi modifié à l'égard de la faillite :

Si le bail est résilié, le propriétaire d'immeubles affectés à l'industrie ou au commerce du failli aura privilége pour les deux dernières années de location échues avant le jugement déclaratif de faillite, pour l'année courante pour tout ce qui concerne l'exécution du bail et pour les dommages-intérêts qui pourront lui être alloués par les tribunaux.

Au cas de non-résiliation, le bailleur, une fois payé de tous les loyers échus, ne pourra pas exiger le payement des loyers en cours ou à échoir, si les sûretés qui lui ont été données lors du contrat sont maintenues, ou si celles qui lui ont été fournies depuis la faillite sont jugées suffisantes.

Lorsqu'il y aura vente et enlèvement des meubles garnissant les lieux loués, le bailleur pourra exercer son privilége comme au cas de résiliation ci-dessus, et, en outre, pour une année à échoir à partir de l'expiration de l'année courante, que le bail ait ou non date certaine.

Les syndics pourront continuer ou céder le bail pour

tout le temps restant à courir, à la charge par eux ou leurs cessionnaires de maintenir dans l'immeuble gage suffisant, et d'exécuter, au fur et à mesure des échéances, toutes les obligations résultant du droit ou de la convention, mais sans que la destination des lieux loués puisse être changée.

Dans le cas où le bail contiendrait interdiction de céder le bai ou de sous-louer, les créanciers ne pourront faire leur profit de la location que pour le temps à raison duquel le bailleur aurait touché ses loyers par anticipation et toujours sans que la destination des lieux puisse être changée.

Le privilége et le droit de revendication établis par le nº 4 de l'article 2102 du Code civil, au profit du vendeur d'effets mobiliers, ne peuvent être exercés contre la faillite.

Art. 2. La présente loi ne s'appliquera pas aux baux qui, avant sa promulgation, auront acquis date certaine.

Toutefois le propriétaire qui, en vertu desdits baux, a privilége pour tout ce qui est échu et pour tout ce qui est à échoir, ne pourra exiger par anticipation les loyers à échoir, s'il lui est donné des sûretés suffisantes pour en garantir le payement.

CODE PÉNAL. — LIVRE III. — TITRE II.

SECTION III.

DESTRUCTIONS, DÉGRADATIONS, DOMMAGES.

Art. 434 (*Ainsi remplacé*, L. 13 mai 1863). Quiconque aura volontairement mis le feu à des édifices, navires, bateaux, magasins, chantiers, quand ils sont habités ou servent à l'habitation, et généralement aux lieux habités ou servant à l'habitation, qu'ils appartiennent ou n'appartiennent pas à l'auteur du crime, sera puni de mort.

Sera puni de la même peine quiconque aura volontairement mis le feu, soit à des voitures ou wagons contenant des personnes, soit à des voitures ou wagons ne contenant pas des personnes, mais faisant partie d'un convoi qui en contient.

Quiconque aura volontairement mis le feu à des édifices,

navires, bateaux, magasins, chantiers, lorsqu'ils ne sont ni habités ni servant à l'habitation, ou à des forêts, bois taillis ou récoltes sur pied, lorsque ces objets ne lui appartiennent pas, sera puni de la peine des travaux forcés à perpétuité.

Celui qui, en mettant ou en faisant mettre le feu à l'un des objets énumérés dans le paragraphe précédent et à lui-même appartenant, aura volontairement causé un préjudice quelconque à autrui, sera puni des travaux forcés à temps; sera puni de la même peine celui qui aura mis le feu sur l'ordre du propriétaire.

Quiconque aura volontairement mis le feu, soit à des pailles ou récoltes en tas ou en meules, soit à des bois disposés en tas ou en stères, soit à des voitures ou wagons chargés ou non chargés de marchandises, ou autres objets mobiliers et ne faisant point partie d'un convoi contenant des personnes, si ces objets ne lui appartiennent pas, sera puni des travaux forcés à temps.

Celui qui, en mettant ou en faisant mettre le feu à l'un des objets énumérés dans le paragraphe précédent et à lui-même appartenant, aura volontairement causé un préjudice quelconque à autrui, sera puni de la réclusion; sera puni de la même peine celui qui aura mis le feu sur l'ordre du propriétaire.

Celui qui aura communiqué l'incendie à l'un des objets énumérés dans les précédents paragraphes, en mettant volontairement le feu à des objets quelconques appartenant soit à lui, soit à autrui, et placés de manière à communiquer ledit incendie, sera puni de la même peine que s'il avait directement mis le feu à l'un desdits objets.

Dans tous les cas, si l'incendie a occasionné la mort d'une ou de plusieurs personnes se trouvant dans les lieux incendiés au moment où il a éclaté, la peine sera la mort.

435. La peine sera la même, d'après les distinctions faites en l'article précédent, contre ceux qui auront détruit, par l'effet d'une mine, des édifices, navires, bateaux, magasins ou chantiers.

436. La menace d'incendier une habitation ou toute autre propriété sera punie de la peine portée contre la menace d'assassinat, et d'après les distinctions établies par les articles 305, 306 et 307.

437. (*Ainsi remplacé*, L. 13 mai 1863). Quiconque, volontairement, aura détruit ou renversé par quelque moyen que ce soit, en tout ou en partie, des édifices, des ponts,

digues ou chaussées ou autres constructions qu'il savait appartenir à autrui, ou causé l'explosion d'une machine à vapeur, sera puni de la réclusion et d'une amende qui ne pourra excéder le quart des restitutions et indemnités ni être au-dessous de cent francs.

S'il y a eu homicide ou blessures, le coupable sera, dans le premier cas, puni de mort, et, dans le second, puni de la peine des travaux forcés à temps.

458. L'incendie des propriétés mobilières ou immobilières d'autrui, qui aura été causé par la vétusté ou le défaut soit de réparation, soit de nettoyage des fours, cheminées, forges, maisons ou usines prochaines, ou par des feux allumés dans les champs à moins de cent mètres des maisons, édifices, forêts, bruyères, bois, vergers, plantations, haies, meules, tas de grains, pailles, foins, fourrages, ou tout autre dépôt de matières combustibles, ou par des feux ou lumières portés ou laissés sans précaution suffisante, ou par des pièces d'artifice allumées ou tirées par négligence ou imprudence, sera puni d'une amende de cinquante francs au moins et de cinq cents francs au plus.

CHAPITRE II.

CONTRAVENTIONS ET PEINES.

SECTION PREMIÈRE.

PREMIÈRE CLASSE.

Art. 471. Seront punis d'amende, depuis un franc jusqu'à cinq francs inclusivement :

1° Ceux qui auront négligé d'entretenir, réparer ou nettoyer les fours, cheminées ou usines où l'on fait usage du feu ;

5° Ceux qui auront négligé ou refusé d'exécuter les règlements ou arrêtés concernant la petite voirie, ou d'obéir à la sommation émanée de l'autorité administrative, de réparer ou démolir les édifices menaçant ruine ;

6° Ceux qui auront jeté ou exposé au-devant de leurs édifices des choses de nature à nuire par leur chute ou par des exhalaisons insalubres ;

15° Ceux qui auront contrevenu aux règlements légalement faits par l'autorité administrative, et ceux qui ne se seront pas conformés aux règlements ou arrêtés publiés par l'autorité municipale, en vertu des art. 3 et 4, tit. XI de la loi du 16-24 août 1790, et de l'art. 46, tit. Ier de la loi du 19-22 juillet 1791.

474. La peine d'emprisonnement contre toutes les personnes mentionnées en l'article 471 aura toujours lieu, en cas de récidive, pendant trois jours au plus.

SECTION II.

DEUXIÈME CLASSE.

Art. 475. Seront punis d'amende, depuis six francs jusqu'à dix francs inclusivement:

8° Ceux qui auraient jeté des pierres ou d'autres corps durs ou des immondices contre les maisons, édifices et clôtures d'autrui, ou dans les jardins ou enclos, et ceux aussi qui auraient volontairement jeté des corps durs ou des immondices sur quelqu'un.

478. La peine de l'emprisonnement pendant cinq jours au plus sera toujours prononcée, en cas de récidive, contre toutes les personnes mentionnées dans l'art. 475.

Les individus mentionnés au n° 5 du même article qui seraient repris pour le même fait en état de récidive, seront traduits devant le tribunal de police correctionnelle, et punis d'un emprisonnement de six jours à un mois, et d'une amende de seize francs à deux cents francs.

SECTION III.

TROISIÈME CLASSE.

Art. 479. Seront punis d'une amende de onze à quinze francs inclusivement:

4° Ceux qui auront occasionné la mort ou la blessure des animaux ou bestiaux appartenant à autrui, par la vétusté, la dégradation, le défaut de réparation ou d'entretien des maisons ou édifices, ou par l'encombrement ou l'excavation, ou telles autres œuvres, dans ou près les rues, chemins, places ou voies publiques, sans les précautions ou signaux ordonnés ou d'usage.

482. La peine d'emprisonnement pendant cinq jours aura toujours lieu, pour récidive, contre les personnes et dans les cas mentionnés en l'art. 479.

DISPOSITION COMMUNE AUX TROIS SECTIONS CI-DESSUS.

Art. 483. Il y a récidive dans tous les cas prévus par le présent livre, lorsqu'il a été rendu contre le contrevenant, dans les douze mois précédents, un premier jugement pour contravention de police commise dans le ressort du même tribunal.

L'article 463 du présent Code sera applicable à toutes les contraventions ci-dessus indiquées.

TITRE DIXIÈME. — SECTION II.

DISPOSITIONS SPÉCIALES APPLICABLES SEULEMENT AUX BOIS ET FORÊTS SOUMIS AU RÉGIME FORESTIER.

Art. 151. Aucun four à chaux ou à plâtre, soit temporaire, soit permanent, aucune briqueterie et tuilerie, ne pourront être établis dans l'intérieur et à moins d'un kilomètre des forêts, sans l'autorisation du gouvernement, à peine d'une amende de cent à cinq cents francs, et de démolition des établissements.

152. Il ne pourra être établi sans l'autorisation du gouvernement, sous quelque prétexte que ce soit, aucune maison sur perches, loge, baraque ou hangar, dans l'enceinte et à moins d'un kilomètre des bois et forêts, sous peine de cinquante francs d'amende, et de la démolition dans le mois, à dater du jour du jugement qui l'aura ordonnée.

153. Aucune construction de maisons ou fermes ne pourra être effectuée, sans l'autorisation du gouvernement, à la distance de cinq cents mètres des bois et forêts soumis au régime forestier, sous peine de démolition.

Il sera statué dans le délai de six mois sur les demandes en autorisation ; passé ce délai, la construction pourra être effectuée.

Il n'y aura point lieu à ordonner la démolition des maisons ou fermes actuellement existantes. Ces maisons ou fermes pourront être réparées, reconstruites et augmentées sans autorisation.

Sont exceptés des dispositions du paragraphe 1er du présent article, les bois et forêts appartenant aux communes, et qui sont d'une contenance au-dessous de deux cent cinquante hectares.

154. Nul individu habitant les maisons ou fermes actuellement existantes dans le rayon ci-dessus fixé, ou dont la construction y aura été autorisée en vertu de l'article précédent, ne pourra établir dans lesdites maisons ou fermes aucun atelier à façonner le bois, aucun chantier ou magasin pour faire le commerce de bois, sans la permission spéciale du gouvernement, sous peine de cinquante francs d'amende et de la confiscation des bois.

Lorsque les individus qui auront obtenu cette permission

auront subi une condamnation pour délits forestiers, le gouvernement pourra leur retirer ladite permission.

155. Aucune usine à scier le bois ne pourra être établie dans l'enceinte et à moins de deux kilomètres de distance des bois et forêts, qu'avec l'autorisation du gouvernement, sous peine d'une amende de cent à cinq cents francs et de la démolition dans le mois, à dater du jugement qui l'aura ordonnée.

156. Sont exceptées des dispositions des trois articles précédents les maisons et usines qui font partie de villes, villages ou hameaux formant une population agglomérée, bien qu'elles se trouvent dans les distances ci-dessus fixées des bois et forêts.

157. Les usines, hangars et autres établissements autorisés en vertu des articles 151, 152, 154 et 155, seront soumis aux visites des agents et gardes forestiers, qui pourront y faire toutes perquisitions sans l'assistance d'un officier public, pourvu qu'ils se présentent au nombre de deux au moins, ou que l'agent ou garde forestier soit accompagné de deux témoins domiciliés dans la commune.

158. Aucun arbre, bille ou tranche, ne pourra être reçu dans les scieries dont il est fait mention en l'article 155, sans avoir été préalablement reconnu par le garde forestier du canton et marqué de son marteau ; ce qui devra avoir lieu dans les cinq jours de la déclaration qui en aura été faite, sous peine contre les exploitants desdites scieries, d'une amende de cinquante à trois cents francs. En cas de récidive, l'amende sera double, et la suppression de l'usine pourra être ordonnée par le Tribunal.

ALIGNEMENT.

ÉDIT *de décembre 1607, sur les attributions du grand-voyer, la juridiction en matière de voirie et la police des rues et chemins.*

ART. 4. Deffendons à nostredict grand-voyer ou ses commis (*aujourd'hui les prefets et maires*) de permettre qu'il soit fait aucunes saillies, avances et pans de bois aux bâtiments neufs, et mesme à ceux où il y en a à présent, de contraindre les réédifier, n'y faire ouvrage qui les puissent conforter, conserver et soutenir, n'y faire aucun encorbellement en avance pour porter aucun mur, pan de bois ou autres choses en saillie, et porter à faux sur lesdites rues, ainsi faire le tout continuer à plomb, depuis le rez-de-chaussée tout contremont, et pourvoir à ce que les rues s'embellissent et élargissent au mieux que faire se pourra, et en baillant par lui les alignemens, redressera les murs où il y aura ply ou coude, et de tout sera tenu de donner par écrit son procès-verbal de lui signé ou de son greffier, portant l'alignement desdits édifices de deux toises en deux toises, à ce qu'il n'y soit contrevenu : pour lesquels alignemens nous lui avons ordonné soixante sols parisis par maison, payables par les particuliers qui feront faire lesdites édifications sur ladite voyrie, encore qu'il y eût plusieurs alignemens en icelle, n'estant compté que pour un seul.

5. Comme aussi nous deffendons à tous nosdits sujets de ladite ville, fauxbourgs, prévosté et vicomté de Paris, et autres villes de ce royaume, faire aucun édifice, pan de mur, jambes, estriers, encoigneures, caves n'y caval, forme ronde en saillie, siéges, barrières, contre-fenestre, huis de caves, bornes, pas, marches, siéges, montoirs à cheval, auvens, enseignes, établis, cages de menuiserie, châssis à verre et autres avances sur ladite voyrie, sans le congé et alignement de nostredict grand-voyer ou desdicts commis. Pourquoy faire nous lui avons attribué et attribuons la somme de soixante sols tournois, et après la perfection d'iceux, seront tenus lesdits particuliers d'en avertir ledit grand-voyer ou son commis, afin qu'il récolle lesdits alignemens, et reconnoisse si lesdicts ouvriers auront travaillé suivant iceux, sans toutes fois payer aucune chose pour ledit récolement et confrontation, et où il se trouveroit qu'ils auroient contrevenu auxdits alignemens, seront lesdits particuliers assignez par-devant le prévost de Paris ou son lieutenant, pour voir ordonner que la besogne mal plantée sera abattue, et condamnez à telle amende que de raison, applicable comme dessus.

Arrêt *du conseil d'Etat du* 27 *février* 1765 *concernant les permisions de construire et les alignements sur les routes entretenues aux frais du roi.*

Le roi étant informé que l'exécution des plans pour les traverses des routes construites par ses ordres, dans les villes, bourgs et villages de quelques généralités, souffre différents retardements, et est même quelquefois totalement intervertie par des alignements donnés aux propriétaires de maisons ou autres édifices sur lesdites routes, par des officiers de justice ou prétendus voyers, qui, n'ayant aucune connaissance desdits plans, s'ingèrent sous différents prétextes, dans l'exercice d'une fonction que S. M. ne leur a pas confiée ; et s'étant fait rendre compte de ce qui se pratique à cet égard au bureau des finances de la généralité de Paris, dans le ressort duquel, pour prévenir de pareils abus, ledit bureau a prescrit, par son ordonnance du 29 mars 1754, que tous les alignements pour constructions, reconstructions et permissions relatives à toute espèce d'ouvrage à la face des bâtimennts étant sur lesdites routes, ainsi que pour établissement d'échoppes et choses saillantes, seraient donnés par les trésoriers de France, commissaires de S. M., ou, en l'absence desdits sieurs commissaires, par un autre desdits trésoriers de France, et ce, dans l'un ou l'autre cas, conformément aux plans levés et arrêtés par ordre de S. M., qui sont ou seraient déposés par la suite, ainsi que les minutes desdits alignements et permissions, au greffe dudit bureau des finances, pour être par ledit bureau statué sur toutes les contraventions et exécution des édits et déclarations de S. M. : et ayant reconnu que les dispositions de cette ordonnance, en conservant et maintenant la compétence des bureaux des finances sur cette matière, préviennent à tous les inconvénients ; S. M. aurait cru, en confirmant les dispositions de la susdite ordonnance, devoir les étendre à tous les bureaux des finances du royaume.

A quoi voulant pourvoir : vu la susdite ordonnance du bureau des finances de Paris, du 29 mars 1754, et ouï le rapport du sieur de l'Averdy, conseiller ordinaire au conseil royal, contrôleur général des finances, le roi étant en son conseil, a ordonné et ordonne que conformément à ce qui se pratique au bureau des finances de la généralité de Paris, dont S. M. a confirmé et confirme l'ordonnance du 29 mars 1754, articles 4 et 12, les alignements pour constructions ou reconstructions des maisons, édifices ou bâtiments généralement quelconques, en tout ou en partie, étant le long et joignant les routes construites par ses ordres, soit dans les traverses des villes, bourgs et villages, soit en pleine campagne, ainsi que les permissions pour toute espèce d'ouvrage aux faces desdites maisons, édifices et bâtiments, et pour établissement d'échoppes ou choses saillantes le long desdites routes, ne pourront être donnés en aucuns cas par autres que par les trésoriers de France, commissaires de S. M. pour les ponts et chaussées en chaque généralité, ou, à leur défaut et en leur absence, par un autre trésorier de France de ladite généralité qui serait présent sur les lieux et pour ce requis ; le tout sans frais, et en se conformant par eux aux plans levés et arrêtés par les ordres de S. M., qui sont ou seront déposés par la suite au greffe du bureau des finances de leur généralité ; et dans le cas où les plans ne seraient pas encore déposés audit greffe, veut S. M. qu'avant de donner lesdits alignements ou permissions, lesdits trésoriers de France, commissaires de S. M., ou autres à leur défaut, se fassent remettre un rapport circonstancié de l'état des lieux par l'ingénieur ou l'un des sous-ingénieurs des ponts et chaussées de ladite généralité, et que dudit alignement ou de ladite permission il soit déposé minute au greffe dudit bureau des finances, à laquelle ledit rapport sera et demeurera annexé. Fait S. M. défense à tous particuliers, propriétaires ou autres, de construire, reconstruire ou réparer aucuns édifices, poser échoppes ou choses saillantes le long desdites routes, sans en avoir obtenu les alignements ou permissions desdits trésoriers de France, commissaires de S. M., ou, dans le cas ci-dessus spécifié, d'un autre trésorier de France dudit bureau des finances, à peine de démolition desdits ouvrages, confiscation des matériaux et de trois cents livres d'amende, et contre les maçons, charpentiers et ouvriers, de pareille amende, et même de plus grande peine en cas de récidive.

Fait pareillement S. M. défense à tous autres, sous quelque prétexte et à quelque titre que ce soit, de donner lesdits alignements et permissions, à peine de répondre en leur propre et privé nom des condamnations prononcées contre les particuliers, propriétaires, locataires et ouvriers qui seront, en cas de contravention, poursuivis à la requête des procureurs de S. M. auxdits bureaux des finances, et punis suivant l'exigence des cas. Enjoint S. M., aux sieurs intendants et commissaires départis dans toutes les généralités, ainsi qu'aux commissaires des ponts et chaussées, et aux officiers des bureaux des finances, de tenir, chacun en droit soi, la main à l'exécution du présent arrêt.

Décret *du 22 décembre 1789-janvier 1790, sur la constitution des assemblées primaires et des assemblées administratives.*

Section 3, art 2. Les administrations de département

seront encore chargées, sous l'autorité et l'inspection du roi, comme chef suprême de la nation et de l'administration générale du royaume, de toutes les parties de cette administration, notamment de celles qui sont relatives :

6° A la conservation des forêts, rivières, chemins et autres choses communes.

DÉCRET *du 7-11 septembre 1790, relatif à la forme de procéder devant les autorités administratives et judiciaires, en matière de contributions, de travaux publics et de commerce, et à la suppression des cours, tribunaux et juridiction d'ancienne création.*

Art. 6. L'administration, en matière de grande voirie, appartiendra aux corps administratifs, et la police de conservation, tant pour les grandes routes que pour les chemins vicinaux, aux juges de district.

DÉCRET *du 7-14 octobre 1790, qui règle différents points de compétence des corps administratifs en matière de grande voirie.*

Sur les contestations survenues en plusieurs lieux et notamment entre le directoire du département de la Haute-Saône et la municipalité de Gray, l'Assemblée nationale, après avoir entendu le rapport de son comité de constitution, décrète ce qui suit :

1° L'administration en matière de grande voirie, attribuée aux corps administratifs par l'article 6 du décret du 7-11 septembre 1790 sur l'organisation judiciaire, comprend, dans toute l'étendue du royaume, l'alignement des rues des villes, bourgs et villages qui servent de grandes routes.

DÉCRET *du 19-22 juillet 1791, relatif à l'organisation d'une police municipale et correctionnelle.*

Art. 29. Les règlements actuellement existants sur le titre des matières d'or et d'argent, sur la vérification de la qualité des pierres fines ou fausses, la salubrité des comestibles et des médicaments, sur les objets de serrurerie, continueront d'être exécutés jusqu'à ce qu'il en ait été autrement ordonné.

Il en sera de même de ceux qui établissent des dispositions de sûreté, tant pour l'achat et la vente des matières d'or et d'argent, des drogues, médicaments et poisons, que pour la représentation, le dépôt et adjudication des effets précieux dans les monts-de-piété, lombards ou autres maisons de ce genre.

Sont égalemement confirmés provisoirement les règlements qui subsistent touchant la voirie, ainsi que ceux actuellement existants à l'égard de la construction des bâtiments et relatifs à leur solidité et sûreté, sans que de la présente disposition il puisse résulter la conservation des attributions ci-devant faites sur cet objet à des tribunaux particuliers.

Loi *du* 16 *septembre* 1807, *relative au desséchement des marais., etc.*

TITRE XI.

DES INDEMNITÉS AUX PROPRIÉTAIRES POUR OCCUPATIONS DE TERRAINS.

Art. 52. Dans les villes, les alignements pour l'ouverture des nouvelles rues, pour l'élargissement des anciennes qui ne font point partie d'une grande route, ou pour tout autre objet d'utilité publique, seront donnés par les maires, conformément au plan dont les projets auront été adressés aux préfets, transmis avec leur avis au ministre de l'intérieur et arrêtés en conseil d'Etat.

En cas de réclamation de tiers intéressés, il sera de même statué en conseil d'Etat sur le rapport du ministre de l'intérieur.

53. Au cas où, par les alignements arrêtés, un propriétaire pourrait recevoir la faculté de s'avancer sur la voie publique, il sera tenu de payer la valeur du terrain qui lui sera cédé.

Dans la fixation de cette valeur, les experts auront égard à ce que le plus ou le moins de profondeur du terrain cédé, la nature de la propriété, le reculement du reste du terrain bâti ou non bâti loin de la nouvelle voie, peut ajouter ou diminuer de valeur relative pour le propriétaire.

Au cas où le propriétaire ne voudrait point acquérir, l'administration publique est autorisée à le déposséder de l'ensemble de sa propriété, en lui payant la valeur telle qu'elle était avant l'entreprise des travaux. La cession et la revente seront faites comme il a été dit en l'article 51 ci-dessus.

Loi *du* 18 *juillet* 1837 *sur l'administration municipale.*

Art 19. Le Conseil municipal délibère sur les objets suivants :

7° L'ouverture des rues et places publiques et les projets d'alignement de voirie municipale.

21. Le Conseil municipal est toujours appelé à donner son avis sur les objets suivants :

3° Les projets d'alignement de grande voirie dans l'intérieur des villes, bourgs et villages.

30. Les dépenses des communes sont obligatoires ou facultatives.

Sont obligatoires, les dépenses suivantes :

18° Les frais des plans d'alignement.

AVIS *du conseil d'Etat du* 7 *août* 1839, *relatif aux modifications des plans d'alignement dans les villes.*

Le conseil d'Etat, considérant que le droit d'arrêter et de modifier les alignements des rues des villes, suivant les besoins nécessairement variables de la circulation, est un droit inhérent à l'exercice de l'autorité administrative ;

Considérant que ces principes ont été sanctionnés par la jurisprudence constante de l'administration et des tribunaux;

Considérant que, dans ces circonstances, l'administration ne peut renoncer à l'exercice du droit qui lui appartient légalement de procéder par voie d'alignement lorsque les nécessités de la circulation exigent la modification du plan d'une ville ;

Qu'à la vérité, dans l'application, ces modifications ne doivent être faites qu'avec une grande réserve et seulement dans le cas où l'intérêt de la voie publique serait bien constaté, mais que les formes qui sont exigées pour la modification du plan d'une ville comme pour l'adoption du plan primitif, sont une garantie suffisante pour les intérêts privés ;

Est d'avis : que le plan des alignements d'une ville, approuvé conformément aux dispositions de l'article 52 de la loi du 16 septembre 1807, peut toujours être modifié, lorsque l'intérêt public l'exige, et après l'accomplissement des formalités prescrites par ledit article ;

Que l'effet de la modification du plan est de soumettre, comme le plan primitif, les propriétés comprises dans l'alignement aux servitudes des voiries.

AVIS *du conseil d'Etat du* 21 *août* 1839, *relatif au droit de l'administration en matière de réparations confortatives.*

Le conseil d'Etat, considérant que l'approbation d'un

plan d'alignement attribue à la voie publique la jouissance immédiate des terrains libres qui doivent en faire partie, et le droit de jouir des terrains couverts de constructions, à l'époque de leur démolition volontaire ou forcée pour cause de vétusté;

Que la défense de réparer lesdites constructions est la conséquence de cette attribution ;

Que cette défense a pour objet d'empêcher que l'on ne prolonge indéfiniment la durée des constructions faisant saillie sur le sol attribué à la nouvelle voie publique et qui gênent la circulation ;

Considérant, dès lors, que la défense de réparer les maisons qui sont en retraite sur l'alignement ne serait qu'un moyen indirect de contraindre les propriétaires sous peine de la ruine de leurs maisons, à acquérir le terrain qui se trouve entre elles et la limite de l'alignement, si ce terrain appartient à l'ancienne voie publique, ou à se clore sur la même limite, si le terrain leur appartient;

Que l'article 53 de la loi du 16 septembre 1807 autorise, en pareille circonstance, l'administration à déposséder le propriétaire de l'ensemble de sa propriété, sans qu'il puisse lui être tenu compte de la plus-value résultant de l'amélioration de la voie publique ;

Est d'avis que l'administration n'a pas le droit de prohiber les réparations confortatives des constructions qui se trouvent en retraite sur l'alignement.

Voyez le décret du 26 mars 1852 (page 69) et le décret du 27 décembre 1858 (page 71).

DÉCRET *impérial du* 13 *avril* 1861, *qui modifie celui du* 25 *mars* 1852, *sur la décentralisation administrative*.

Art. 1er. Les préfets statueront désormais sur les affaires départementales et communales qui exigeaient jusqu'à ce jour la décision du ministre de l'intérieur, et dont la nomenclature suit par addition au tableau A, annexé au décret du 25 mars 1852 :

Tableau A, nº 57. Plans d'alignement des villes.

LOI *du* 4 *mai* 1864, *relative aux alignements sur les routes impériales, les routes départementales et les chemins vicinaux de grande communication*.

Art. 1er. Sur les routes impériales et départementales,

partout où il existe un plan d'alignement régulièrement approuvé, le sous-préfet délivre les alignements conformément à ce plan.

2. Le même droit appartient au sous-préfet en ce qui concerne les chemins vicinaux de grande communication, partout où il existe un plan régulièrement approuvé.

COMPÉTENCE.

Loi *du* 11 *avril* 1838, *sur les tribunaux civils de première instance.*

Art. 1er. Les tribunaux civils de première instance connaîtront, en dernier ressort, des actions personnelles et mobilières, jusqu'à la valeur de quinze cents francs de principal, et des actions immobilières jusqu'à soixante francs de revenu, déterminé, soit en rentes, soit par prix de bail.

Ces actions seront instruites et jugées comme matières sommaires.

Loi *du* 25 *mai* 1838, *sur les justices de paix.*

Art. 1er. Les juges de paix connaissent de toutes actions purement personnelles ou mobilières, en dernier ressort, jusqu'à la valeur de cent francs, et, à charge d'appel, jusqu'à la valeur de deux cents francs.

3. Les juges de paix connaissent, sans appel, jusqu'à la valeur de cent francs, et, à charge d'appel, à quelque valeur que la demande puisse s'élever :

Des actions en payement de loyers ou fermages, des congés, des demandes en résiliation de baux, fondées sur le seul défaut de payement des loyers ou fermages; des expulsions de lieux et des demandes en validité de saisie-gagerie; le tout lorsque les locations verbales ou par écrit n'excèdent pas annuellement, à Paris, quatre cents francs, et deux cents francs partout ailleurs.

Si le prix principal du bail consiste en denrées ou prestations en nature, appréciables d'après les mercuriales, l'évaluation sera faite sur celles du jour de l'échéance, lorsqu'il s'agira du payement des fermages; dans tous les autres cas, elle aura lieu suivant les mercuriales du mois qui aura précédé la demande. Si le prix principal du bail consiste en prestations non appréciables d'après les mercuriales, ou s'il s'agit de baux à colons partiaires, le juge de paix déterminera la compétence, en prenant pour base du revenu de la propriété le principal de la contribution foncière de l'année courante, multiplié par cinq.

4. Les juges de paix connaissent, sans appel, jusqu'à la valeur de cent francs, et, à charge d'appel, jusqu'au taux de la compétence en dernier ressort des tribunaux de première instance :

1° Des indemnités réclamées par le locataire ou fermier pour non-jouissance provenant du fait du propriétaire, lorsque le droit à une indemnité n'est pas contesté ;

2° Des dégradations et pertes, dans les cas prévus par les articles 1732 et 1735 du Code civil.

Néanmoins, le juge de paix ne connaît des pertes causées par incendie ou inondation que dans les limites posées par l'article 1er de la présente loi.

5. Les juges de paix connaissent également, sans appel, jusqu'à la valeur de cent francs, et, à charge d'appel, à quelque valeur que la demande puisse s'élever :

2° Des réparations locatives des maisons ou fermes, mises par la loi à la charge du locataire.

6. Les juges de paix connaissent, en outre, à charge d'appel :

1° Des entreprises commises, dans l'année, sur les cours d'eau servant à l'irrigation des propriétés et au mouvement des usines et moulins, sans préjudice des attributions de l'autorité administrative dans les cas déterminés par les lois et par les règlements, des dénonciations de nouvel œuvre, complaintes, actions en réintégrande et autres actions possessoires fondées sur des faits également commis dans l'année ;

3° Des actions relatives aux constructions et travaux énoncés dans l'article 674 du Code civil, lorsque la propriété ou la mitoyenneté du mur ne sont pas contestées ;

10. Dans les cas où la saisie-gagerie ne peut avoir lieu qu'en vertu de permission de justice, cette permission sera accordée par le juge de paix du lieu où la saisie devra être faite, toutes les fois que les causes rentreront dans sa compétence.

S'il y a opposition de la part des tiers, pour des causes et pour des sommes qui, réunies, excéderaient cette compétence, le jugement en sera déféré aux tribunaux de première instance.

ENREGISTREMENT ET TIMBRE.

Loi *du* 23 *août* 1871, *qui établit des augmentations d'impôts et des impôts nouveaux, relatifs à l'enregistrement et au timbre.*

Art. 11. Lorsqu'il n'existe pas de conventions écrites constatant une mutation de jouissance de biens immeubles, il y est suppléé par des déclarations détaillées et estimatives, dans les trois mois de l'entrée en jouissance.

Si la location est faite suivant l'usage des lieux, la déclaration en contiendra la mention.

Les droits d'enregistrement deviendront exigibles dans les vingt jours qui suivront l'échéance de chaque terme, et la perception en sera continuée jusqu'à ce qu'il ait été déclaré que le bail a cessé ou qu'il a été résilié.

En cas de déclaration insuffisante, il sera fait application des dispositions des articles 19 et 39 de la loi du 22 frimaire an VII.

La déclaration doit être faite par le preneur ou, à son défaut, par le bailleur, ainsi qu'il est dit à l'article 14 ci-après.

Ne sont pas assujetties à la déclaration les locations verbales ne dépassant pas trois ans et dont le prix annuel n'excède pas cent francs. Toutefois, si le même bailleur a consenti plusieurs locations verbales de cette catégorie, mais dont le prix cumulé excède cent francs annuellement, il sera tenu d'en faire la déclaration et d'acquitter personnellement et sans recours les droits d'enregistrement.

Si le prix de la location verbale est supérieur à cent francs, sans excéder trois cents francs annuellement, le bailleur sera également tenu d'en faire la déclaration et d'acquitter les droits exigibles, sauf son recours contre le preneur qui sera dispensé, dans ce cas, de la formalité de la déclaration.

Le droit sera exigible lors de l'enregistrement ou de la déclaration. Toutefois, si le bail est de plus de trois ans et si les parties le requièrent, le montant du droit pourra être fractionné en autant de payements égaux qu'il y aura de périodes triennales dans la durée du bail. Le payement des droits afférent à la première période sera seul acquitté lors de l'enregistrement ou de la déclaration, et celui des périodes subséquentes aura lieu dans le premier mois de l'année qui commencera chaque période.

La dernière disposition du n° 2 du paragraphe 3 de l'article 69 de la loi du 22 frimaire an VII, relative aux baux de trois, six ou neuf années, est abrogée.

Les dispositions du présent article ne seront exécutoires qu'à partir du 1er octobre prochain.

14. A défaut d'enregistrement ou de déclaration dans les délais fixés par les lois des 22 frimaire an VII, 27 ventôse an IX et par l'article 11 de la présente loi, l'ancien et le nouveau possesseur, le bailleur et le preneur sont tenus personnellement et sans recours, nonobstant toute stipulation contraire, d'un droit en sus, lequel ne peut être inférieur à cinquante francs.

L'ancien possesseur et le bailleur peuvent s'affranchir du droit en sus qui leur est personnellement imposé, ainsi que du versement immédiat des droits simples, en déposant dans un bureau d'enregistrement l'acte constatant la mutation ou, à défaut d'acte, en faisant les déclarations prescrites par l'article 4 de la loi du 27 ventôse an IX et par l'article 11 de la présente loi.

Outre les délais fixés pour l'enregistrement des actes ou déclarations, un délai d'un mois est accordé à l'ancien possesseur et au bailleur pour faire le dépôt ou les déclarations autorisées par le paragraphe qui précède.

Les dispositions du présent article ne sont pas applicables au preneur dans les cas prévus par les paragraphes 5 et 6 de l'article 11 ci-dessus.

15. Lorsque, dans les cas prévus par la loi du 22 frimaire an VII et par l'article 11 de la présente loi, il y a lieu à expertise, et que le prix exprimé ou la valeur déclarée n'excède pas deux mille francs, cette expertise est faite par un seul expert nommé par toutes les parties, ou, en cas de désaccord, par le président du tribunal et sur simple requête.

16. Les tribunaux devant lesquels sont produits des actes non enregistrés doivent, sur les réquisitions du ministère public, soit même d'office, ordonner le dépôt au greffe de ces actes, pour être immédiatement soumis à la formalité de l'enregistrement.

Il est donné acte au ministère public de ces réquisitions.

17. Il est accordé un délai de trois mois, à compter de

la promulgation de la présente loi, pour faire enregistrer sans droits en sus ni amendes tous les actes sous signatures privées qui, en contravention aux lois sur l'enregistrement, n'auraient pas été soumis à cette formalité.

Le droit ne sera perçu pour les baux ainsi présentés à l'enregistrement que pour le temps restant à courir au jour de la promulgation de la présente loi.

Le même délai de faveur est accordé pour faire la déclaration des biens transmis soit par décès, soit entre-vifs, lorsqu'il n'existera pas de conventions écrites.

Les nouveaux possesseurs qui auraient fait des omissions ou des estimations insuffisantes dans leurs actes ou déclarations sont admis à les réparer sans être soumis à aucune peine, pourvu qu'ils acquittent les droits simples et les frais dans le délai de trois mois.

Les dispositions du paragraphe 1er du présent article sont également applicables aux contraventions aux lois sur le timbre de dimension encourues à raison des actes sous signatures privées qui n'auraient pas été régulierement timbrés.

Le bénéfice résultant du présent article ne peut être réclamé que pour les contraventions existant au jour de la promulgation de la présente loi.

18. A partir du 1er décembre 1871, sont soumis à un droit de timbre de dix centimes :

1° Les quittances ou acquis donnés au pied des factures et mémoires, les quittances pures et simples, reçus ou décharges de sommes, titres, valeurs ou objets et généralement tous les titres de quelque nature qu'ils soient, signés ou non signés, qui emporteraient libération, reçu ou décharge;

2° Les chèques, tels qu'ils sont définis par la loi du 14 juin 1865, dont l'article 7 est et demeure abrogé.

Le droit est dû pour chaque acte, reçu, décharge ou quittance; il peut être acquitté par l'apposition d'un timbre mobile, à l'exception toutefois du droit sur les chèques, lesquels ne peuvent être remis à celui qui doit en faire usage sans qu'ils aient été préalablement revêtus de l'empreinte du timbre à l'extraordinaire.

Le droit du timbre de dix centimes n'est applicable qu'aux actes faits sous signatures privées et ne contenant pas de dispositions autres que celles spécifiées au présent article.

19. Une remise de deux pour cent sur le timbre est accordée, à titre de déchet, à ceux qui feront timbrer préalablement leurs formules de quittances, reçus ou décharges.

20. Sont seuls exceptés du droit de timbre de dix centimes :

1° Les acquis inscrits sur les chèques, ainsi que sur les lettres de change, billets à ordre et autres effets de commerce assujettis au droit proportionnel ;

2° Les quittances de dix francs et au-dessous, quand il ne s'agit pas d'un à-compte ou d'une quittance finale sur une plus forte somme;

3° Les quittances énumérées en l'article 16 de la loi du 13 brumaire an VII, à l'exception de celles relatives aux traitements et émoluments des fonctionnaires, officiers des armées de terre et de mer et employés salariés par l'État, les départements, les communes et tous établissements publics ;

4° Les quittances délivrées par les comptables de deniers publics, celles des douanes, des contributions indirectes et des postes, qui restent soumises à la législation qui leur est spéciale.

Toutes autres dispositions contraires sont abrogées.

23. Toute contravention aux dispositions de l'article 18 sera punie d'une amende de cinquante francs. L'amende sera due par chaque acte, écrit, quittance, reçu ou décharge pour lequel le droit de timbre n'aurait pas été acquitté.

Le droit de timbre est à la charge du débiteur; néanmoins, le créancier qui a donné quittance, reçu ou décharge en contravention aux dispositions de l'article 18, est tenu personnellement et sans recours, nonobstant toute stipulation contraire, du montant des droits, frais et amendes.

La contravention sera suffisamment établie, par la présentation des pièces non timbrées et annexées aux procès-verbaux que les employés de l'enregistrement, les officiers de police judiciaire, les agents de la force publique, les préposés des douanes, des contributions indirectes et ceux des octrois sont autorisés à dresser, conformément aux articles 31 et 32 de la loi du 13 brumaire an VII. Il leur est attribué un quart des amendes recouvrées.

Les instances seront instruites et jugées selon les

formes prescrites par l'article 76 de la loi du 28 avril 1816.

24. Un règlement d'administration publique déterminera la forme et les conditions d'emploi des timbres mobiles créés en exécution de la présente loi. Toute infraction aux dispositions de ce règlement sera punie d'une amende de vingt francs.

Sont applicables à ces timbres les dispositions de l'article 21 de la loi du 11 juin 1859.

Sont considérés comme non timbrés :

1° Les actes, pièces ou écrits sur lesquels le timbre mobile aurait été apposé sans l'accomplissement des conditions prescrites par le règlement d'administration publique, ou sur lesquels aurait été apposé un timbre ayant déjà servi;

2° Les actes, pièces ou écrits sur lesquels un timbre mobile aurait été apposé en dehors des cas prévus par l'article 18.

LOGEMENTS INSALUBRES.

Loi *du* 13 *avril* 1850, *relative à l'assainissement des logements insalubres.*

Art. 1er. Dans la commune où le conseil municipal l'aura déclaré nécessaire par une délibération spéciale, il nommera une commission chargée de rechercher et indiquer les mesures indispensables d'assainissement des logements et dépendances insalubres mis en location ou occupés par d'autres que le propriétaire, l'usufruitier ou l'usager.

Sont réputés insalubres les logements qui se trouvent dans des conditions de nature à porter atteinte à la vie ou à la santé de leurs habitants.

2. La commission se composera de neuf membres au plus, et de cinq au moins.

En feront nécessairement partie un médecin, et un architecte ou tout autre homme de l'art, ainsi qu'un membre du bureau de bienfaisance et du conseil des prud'hommes, si ces institutions existent dans la commune.

La présidence appartient au maire ou à l'adjoint.

Le médecin et l'architecte pourront être choisis hors de la commune.

La commission se renouvelle tous les deux ans par tiers; les membres sortants sont indéfiniment rééligibles.

A Paris, la commission se compose de douze membres (1).

3. La commission visitera les lieux signalés comme insalubres. Elle déterminera l'état d'insalubrité, et en indiquera les causes, ainsi que les moyens d'y remédier. Elle désignera les logements qui ne seraient pas susceptibles d'assainissement.

4. Les rapports de la commission seront déposés au secrétariat de la mairie, et les parties intéressées mises en demeure d'en prendre communication et de produire leurs observations dans le délai d'un mois.

5. A l'expiration de ce délai, les rapports et observations seront soumis au conseil municipal, qui déterminera :

1° Les travaux d'assainissement et les lieux où ils devront être entièrement ou partiellement exécutés, ainsi que les délais de leur achèvement ;

2° Les habitations qui ne sont pas susceptibles d'assainissement.

6. Un recours est ouvert aux intéressés contre ces décisions devant le conseil de préfecture, dans le délai d'un mois à dater de la notification de l'arrêté municipal. Ce recours sera suspensif.

7. En vertu de la décision du conseil municipal ou de celle du conseil de préfecture, en cas de recours, s'il a été reconnu que les causes d'insalubrité sont dépendantes du fait du propriétaire ou de l'usufruitier, l'autorité municipale lui enjoindra, par mesure d'ordre et de police, d'exécuter les travaux jugés nécessaires.

8. Les ouvertures pratiquées pour l'exécution des travaux d'assainissement seront exemptées, pendant trois ans, de la contribution des portes et fenêtres.

9. En cas d'inexécution, dans les délais déterminés, des travaux jugés nécessaires, et si le logement continue d'être occupé par un tiers, le propriétaire ou l'usufruitier sera passible d'une amende de seize francs à cent francs. Si les travaux n'ont pas été exécutés dans l'année qui aura suivi la condamnation, et si le logement insalubre a continué d'être occupé par un tiers, le propriétaire ou l'usufruitier

(1) *Voyez* la loi du 25 mai 1864, page 64.

sera passible d'une amende égale à la valeur des travaux, et pouvant être élevée au double.

10. S'il est reconnu que le logement n'est pas susceptible d'assainissement, et que les causes d'insalubrité sont dépendantes de l'habitation elle-même, l'autorité municipale pourra, dans le délai qu'elle fixera, en interdire provisoirement la location à titre d'habitation.

L'interdiction absolue ne pourra être prononcée que par le conseil de préfecture, et, dans ce cas, il y aura recours de sa décision devant le conseil d'Etat.

Le propriétaire ou l'usufruitier qui aura contrevenu à l'interdiction prononcée sera condamné à une amende de seize à cent francs, et, en cas de récidive dans l'année, à une amende égale au double de la valeur locative du logement interdit.

11. Lorsque, par suite de l'exécution de la présente loi, il y aura lieu à résiliation des baux, cette résiliation n'emportera en faveur du locataire aucuns dommages-intérêts.

12. L'article 463 du Code pénal sera applicable à toutes les contraventions ci-dessus indiquées.

13. Lorsque l'insalubrité est le résultat de causes extérieures et permanentes, ou lorsque ces causes ne peuvent être détruites que par des travaux d'ensemble, la commune pourra acquérir, suivant les formes et après l'accomplissement des formalités prescrites par la loi du 3 mai 1841, la totalité des propriétés comprises dans le périmètre des travaux. — Les portions de ces propriétés qui, après l'assainissement opéré, resteraient en dehors des alignements arrêtés pour les nouvelles constructions, pourront être revendues aux enchères publiques, sans que, dans ce cas, les anciens propriétaires ou leurs ayants droit puissent demander l'application des articles 60 et 61 de la loi du 3 mai 1841.

14. Les amendes prononcées en vertu de la présente loi seront attribuées en entier au bureau ou établissement de bienfaisance de la localité où sont situées les habitations à raison desquelles ces amendes auront été encourues.

Loi *du 25 mai 1864, qui modifie l'article 2 de la loi du 13 avril 1850, relative à l'assainissement des logements insalubres.*

Article unique. Sont substitués au dernier paragraphe de l'article 2 de la loi du 15 avril 1850, les dispositions suivantes :

Dans les communes dont la population dépasse cinquante mille âmes, le conseil municipal pourra, soit nommer plusieurs commissions, soit porter jusqu'à vingt le nombre des membres de la commission existante. A Paris, le nombre des membres pourra être porté jusqu'à trente.

MAISONS DE PARIS.

Décret *du 27 juillet 1859, portant règlement sur la hauteur des maisons, les combles et les lucarnes, dans la ville de Paris.*

TITRE PREMIER.

DE LA HAUTEUR DES BATIMENTS.

SECTION PREMIÈRE.

DE LA HAUTEUR DES FAÇADES DES BATIMENTS BORDANT LES VOIES PUBLIQUES.

Art. 1er. La hauteur des façades des maisons bordant les voies publiques, dans la ville de Paris, est déterminée par la largeur légale de ces voies publiques.

Cette hauteur, mesurée du trottoir ou du pavé, au pied des façades des bâtiments, et prise, dans tous les cas, au milieu de ces façades, ne peut excéder, y compris les entablements, attiques et toutes les constructions à plomb du mur de face, savoir :

Onze mètres soixante-dix centimètres pour les voies publiques au-dessous de sept mètres quatre-vingts de largeur ;

Quatorze mètres soixante centimètres pour les voies publiques de sept mètres quatre-vingts et au-dessus, jusqu'à neuf mètres soixante-quinze centimètres ;

Dix-sept mètres cinquante-cinq centimètres pour les voies publiques de neuf mètres soixante-quinze centimètres et au-dessus.

Toutefois dans les rues ou boulevards de vingt mètres et au-dessus, la hauteur des bâtiments peut être portée jusqu'a vingt mètres, mais à la charge par les constructeurs de ne faire, en aucun cas, au-dessus du rez-de-chaussée, plus de cinq étages carrés, entre-sol compris.

2. Les façades qui seront construites sur la voie publique, soit en retraite de l'alignement, soit à fruit, ou de toute autre manière, ne peuvent être élevées qu'à la hauteur déterminée pour les maisons construites à l'alignement.

3. Tout bâtiment situé à l'encoignure de deux voies publiques d'inégale largeur peut, par exception, être élevé, du côté de la rue la plus étroite, jusqu'à la hauteur fixée pour la plus large.

Toutefois, cette exception ne s'étendra, sur la voie la plus étroite, que jusqu'à concurrence de la profondeur du corps de bâtiment ayant face sur la voie la plus large, soit que ce corps de bâtiment soit simple ou double en profondeur.

Cette disposition exceptionnelle ne peut être invoquée que pour les bâtiments construits à l'alignement déterminé pour les deux voies publiques.

4. Pour les bâtiments autres que ceux dont il est parlé en l'article précédent, et qui occupent tout l'espace compris entre deux voies d'inégale largeur ou de niveau différent, chacune des deux façades ne peut dépasser la hauteur fixée en raison de la largeur ou du niveau de la voie publique sur laquelle chaque façade sera située.

Toutefois, lorsque la plus grande distance entre les deux façades n'excède pas quinze mètres, la façade bordant la voie publique la moins large ou du niveau le plus bas peut, par exception, être élevée à la hauteur fixée pour la rue la plus large ou du niveau le plus élevé.

SECTION II.

DE LA HAUTEUR DES BATIMENTS SITUÉS EN DEHORS DES VOIES PUBLIQUES.

Art. 5. Les bâtiments situés en dehors des voies publiques, dans les cours et espaces intérieurs, ne peuvent excéder, sur aucune de leurs faces, la hauteur de dix-sept mètres cinquante centimètres, mesurée du sol.

L'administration peut toutefois autoriser, par exception, des constructions plus élevées pour les besoins d'art, de science ou d'industrie.

Dans ces cas exceptionnels, elle fixe les dimensions, la forme et le mode de construction de ces surélévations.

SECTION III.

DE LA HAUTEUR DES ÉTAGES.

Art. 6. Dans tous les bâtiments, de quelque nature qu'ils soient, il ne peut être exigé, en exécution de l'article 4 du décret du 26 mars 1852, une hauteur d'étage de plus de deux mètres soixante centimètres.

Pour l'étage dans le comble, cette hauteur s'applique à la partie la plus élevée du rampant.

TITRE II.

DES COMBLES.

SECTION PREMIERE.

DES COMBLES AU-DESSUS DES FAÇADES ÉLEVÉES AU MAXIMUM DE LA HAUTEUR LÉGALE.

Art. 7. Le faîtage du comble ne peut excéder une hauteur égale à la moitié de la profondeur du bâtiment, y compris les saillies et corniches.

Le profil du comble, sur la façade du côté de la voie publique, ne peut dépasser une ligne inclinée à quarante-cinq degrés partant de l'extrémité de la corniche ou de l'entablement.

8. Sur les quais, boulevards, places publiques et dans les voies publiques de quinze mètres au moins de largeur, ainsi que dans les cours et espaces intérieurs en dehors de la voie publique, la ligne droite inclinée à quarante-cinq degrés dans le périmètre indiqué ci-dessus peut être remplacée par un quart de cercle dont le rayon ne peut excéder la hauteur fixée par l'article 7.

La saillie de l'entablement sera laissée en dehors du quart de cercle.

9. Les combles des bâtiments situés à l'angle d'une voie publique de quinze mètres au moins de largeur et d'une voie publique de moins de quinze mètres, peuvent, par exception, être établis sur cette dernière voie suivant le périmètre déterminé par l'article 8, mais seulement dans la même profondeur que celle fixée par l'article 3.

10. Dans les cas prévus par les trois articles précédents, les reliefs de chenaux et membrons ne doivent pas excéder

la ligne inclinée à quarante-cinq degrés partant de l'extrémité de l'entablement, ou le quart de cercle qui, dans le cas prévu par l'article 8, peut remplacer cette ligne.

11. Les murs de dossier et les tuyaux de cheminées ne pourront percer la ligne rampante du comble qu'à un mètre cinquante centimètres mesurés horizontalement du parement extérieur du mur de face, ni s'élever à plus de soixante centimètres au-dessus du faîtage.

12. La face extérieure des lucarnes doit être placée en arrière du parement extérieur du mur de face donnant sur la voie publique et à une distance d'au moins trente centimètres.

Elles ne peuvent s'élever, compris leur toiture, à plus de trois mètres au-dessus de la base des combles.

Leur largeur ne peut excéder un mètre cinquante centimètres hors œuvre.

Les jouées de ces lucarnes doivent être parallèles entre elles.

Les intervalles auront au moins un mètre cinquante centimètres, quelle que soit la largeur des lucarnes.

La saillie de leurs corniches, égouts compris, ne doit pas excéder quinze centimètres.

Il peut être établi un second rang de lucarnes en se renfermant dans le périmètre déterminé par les articles 7 et 8.

SECTION II.

DES COMBLES AU-DESSUS DES FAÇADES ÉLEVÉES A UNE HAUTEUR MOINDRE QUE LA HAUTEUR LÉGALE.

Art. 13. Les combles au-dessus des façades qui ne seraient pas élevées au maximum de hauteur déterminé dans le titre Ier, peuvent dépasser le périmètre fixé par l'article 7; mais ils ne doivent pas, toutefois, ainsi que leurs chenaux, membrons, lucarnes et murs de dossier, excéder le périmètre général des bâtiments, fixé, tant pour les façades que pour les combles, par les dispositions du titre Ier et de la première section du présent titre.

14. Les dispositions du présent titre sont applicables à tous les bâtiments placés ou non sur la voie publique.

TITRE III.

DISPOSITIONS TRANSITOIRES.

Art. 15. Les murs de face, les combles, les lucarnes dont

l'élévation et la forme excèdent actuellement celles ci-dessus prescrites, ne peuvent être réconfortés ni reconstruits qu'à la charge de se conformer aux dispositions qui précèdent.

Toutefois l'interdiction de réconforter les bâtiments situés en dehors des voies publiques dans les cours et espaces intérieurs ne sera appliquée à ces bâtiments qu'à l'expiration d'un délai de vingt ans à partir de la promulgation du présent décret.

TITRE IV.

DISPOSITIONS DIVERSES.

Art. 16. Les dispositions du présent décret ne sont pas applicables aux édifices publics.

17. Les dispositions des règlements, ordonnances et autres actes qui seraient contraires au présent décret sont et demeurent rapportées.

PROPRIÉTAIRES ET LOCATAIRES

DE PARIS ET DU DÉPARTEMENT DE LA SEINE

Loi *du* 6 *janvier* 1872, *qui limite les effets de la loi du* 21 *avril* 1871, *sur les Loyers.*

Art. 1er. Toute action portée ou engagée devant les jurys spéciaux établis par la loi du 21 avril 1871, pour régler entre propriétaires et locataires de Paris et du département de la Seine les trois termes de loyers des mois d'octobre 1870, janvier et avril 1871, sera éteinte, s'il n'y est pas donné suite dans le délai d'un mois à partir de la promulgation de la présente loi.

2. Si, pendant ce délai, les poursuites sont continuées, cette péremption courra à partir du dernier acte de procédure.

3. Les jurys spéciaux, établis par la loi du 21 avril 1871, cesseront de se réunir après le 31 mars 1872.

4. A partir de cette époque, les affaires dont la connaissance avait été attribuée à ces jurys seront jugées, selon les règles édictées par la loi du 21 avril 1871, par les juges de paix, qui connaîtront également de l'exécution des sentences rendues par ces jurys.

5. La présente loi ne porte aucune atteinte aux obliga-

tions qui sont déjà résultées et qui résulteront pour l'Etat et le département de la Seine de l'application des articles 8 et 10 de la loi du 21 avril.

6. La présente loi sera rendue publique au moyen d'affiches apposées dans Paris et dans les communes du département de la Seine.

RUES DE PARIS

DÉCRET *du* 26 *mars* 1852, *relatif aux rues de Paris.*

Art. 1er. Les rues de Paris continueront d'être soumises au régime de la grande voirie.

2. Dans tout projet d'expropriation pour l'élargissement, le redressement ou la formation des rues de Paris, l'administration aura la faculté de comprendre la totalité des immeubles atteints, lorsqu'elle jugera que les parties restantes ne sont pas d'une étendue ou d'une forme qui permette d'y élever des constructions salubres.

Elle pourra pareillement comprendre, dans l'expropriation, des immeubles en dehors des alignements, lorsque leur acquisition sera nécessaire pour la suppression d'anciennes voies publiques jugées inutiles.

Les parcelles de terrain acquises en dehors des alignements, et non susceptibles de recevoir des constructions salubres, seront réunies aux propriétés contiguës, soit à l'amiable, soit par l'expropriation de ces propriétés, conformément à l'article 53 de la loi du 16 septembre 1807.

La fixation du prix de ces terrains sera faite suivant les mêmes formes, et devant la même juridiction que celle des expropriations ordinaires.

L'article 58 de la loi du 3 mai 1841 est applicable à tous les actes et contrats relatifs aux terrains acquis pour la voie publique par simple mesure de voirie.

3. A l'avenir, l'étude de tout plan d'alignement de rue devra nécessairement comprendre le nivellement; celui-ci sera soumis à toutes les formalités qui régissent l'alignement.

Tout constructeur de maisons, avant de se mettre à l'œuvre, devra demander l'alignement et le nivellement de la voie publique au-devant de son terrain et s'y conformer.

4. Il devra pareillement adresser à l'administration un plan et des coupes cotés des constructions qu'il projette, et

se soumettre aux prescriptions qui lui seront faites, dans l'intérêt de la sûreté publique et de la salubrité.

Vingt jours après le dépôt de ces plans et coupes au secrétariat de la préfecture de la Seine, le constructeur pourra commencer ses travaux d'après son plan, s'il ne lui a été notifié aucune injonction.

Une coupe géologique des fouilles pour fondation de bâtiment sera dressée par tout architecte constructeur et remise à la préfecture de la Seine.

5. La façade des maisons sera constamment tenue en bon état de propreté. Elles seront grattées, repeintes ou badigeonnées, au moins une fois tous les dix ans, sur l'injonction qui sera faite au propriétaire par l'autorité municipale.

Les contrevenants seront passibles d'une amende qui ne pourra excéder 100 francs.

6. Toute construction nouvelle dans une rue pourvue d'égouts, devra être disposée de manière à y conduire ses eaux pluviales et ménagères.

La même disposition sera prise pour toute maison ancienne en cas de grosses réparations, et, en tout cas, avant dix ans.

7. Il sera statué par un décret ultérieur, rendu dans la forme des règlements d'administration publique, en ce qui concerne la hauteur des maisons, les combles et les lucarnes.

8. Les propriétaires riverains des voies publiques empierrées supporteront les frais de premier établissement des travaux, d'après les règles qui existent à l'égard des propriétaires riverains des rues pavées.

9. Les dispositions du présent décret pourront être appliquées à toutes les villes qui en feront la demande par des décrets spéciaux rendus dans la forme des règlements d'administration publique.

DÉCRET IMPÉRIAL *du* 27 *décembre* 1858, *portant Règlement d'administration publique pour l'exécution du décret du* 26 *mars* 1852, *relatif aux rues de Paris.*

Art. 1er. Lorsque, dans un projet d'expropriation, pour l'élargissement, le redressement ou la formation d'une rue, l'administration croit devoir comprendre, par application du paragraphe 1er de l'article 2 du décret du 26 mars 1852, des parties d'immeubles situées en dehors des alignements, et qu'elle juge impropres, à raison de leur étendue ou de leur forme, à recevoir des constructions salubres, l'indication de ces parties est faite sur le plan soumis à l'enquête prescrite par le titre II de la loi du 3 mai 1841, et il est fait mention du projet de l'administration dans l'avertissement donné conformément à l'article 6 de ladite loi.

2. Dans le délai de huit jours, à partir de cet avertissement, les propriétaires doivent déclarer sur le procès-verbal d'enquête s'ils s'opposent à l'expropriation, et faire connaître leurs motifs.

Dans ce cas, l'expropriation ne peut être autorisée que par un décret rendu en Conseil d'Etat.

Les oppositions ainsi formées ne font pas obstacle à ce que le préfet statue, conformément aux articles 11 et 12 de la loi du 3 mai 1841, sur toutes les autres propriétés comprises dans l'expropriation.

3. Si l'administration le juge préférable, il est statué par un seul et même décret, tant sur l'utilité publique de l'élargissement, du redressement ou de la formation des rues projetées, que sur l'autorisation d'exproprier les parcelles situées en dehors des alignements.

Dans ce cas, l'indication des parcelles à exproprier est faite sur le plan soumis à l'enquête, en vertu du titre Ier de la loi du 3 mai 1841 et de l'article 2 de l'ordonnance du 23 août 1835.

Mention est faite du projet de l'administration dans l'avertissement donné conformément à l'article 3 de ladite ordonnance, et les oppositions des propriétaires intéressés sont consignées au registre de l'enquête.

4. Les formalités prescrites par les articles ci-dessus sont suivies pour l'application du paragraphe 2 de l'article 2 du décret du 26 mars 1852.

5. Dans le cas prévu par le paragraphe 3 du même article, le propriétaire du fonds auquel doivent être réunies les parcelles acquises en dehors des alignements, conformément à l'article 53 de la loi du 16 septembre 1807, est mis en demeure, par un acte extra-judiciaire, de déclarer, dans un délai de huitaine, s'il entend profiter de la faculté de s'avancer sur la voie publique en acquérant les parcelles riveraines.

En cas de refus ou de silence, il est procédé à l'expropriation dans les formes légales.

6. Dans tout projet pour l'élargissement, le redressement ou la formation de rues, le plan soumis à l'enquête qui

précède la déclaration d'utilité publique comprend un projet de nivellement.

SERVITUDES.

Loi *du* 10 *juillet* 1791, *concernant la conservation et le classement des places de guerre et postes militaires, la police des fortifications et autres objets y relatifs.*

Art. 30. Il ne sera, à l'avenir, bâti ni reconstruit aucune maison ni clôture de maçonnerie autour des places de première et de seconde classes, même dans leurs avenues et faubourgs, plus près qu'à 250 toises de la crête des parapets des chemins couverts les plus avancés ; en cas de contravention, ces ouvrages seront démolis aux frais des propriétaires contrevenants.

31. Autour des places de première et de seconde classes, il sera permis d'élever des bâtiments et clôtures en bois et en terre, sans y employer de pierres ni de briques, même de chaux ni de plâtre, autrement qu'en crépissage, mais seulement à la distance de cent toises de la crête du parapet du chemin couvert le plus avancé, et avec la condition de les démolir sans indemnité, à la réquisition de l'autorité militaire, dans le cas où la place, légalement déclarée *en état de guerre*, serait menacée d'une hostilité.

32. Autour des places de troisième classe, et de postes militaires de toutes les classes, il sera permis d'élever des bâtiments et clôtures de construction quelconque au delà de la distance de 100 toises des crêtes des parapets des chemins couverts les plus avancés, ou des murs de clôture des postes, lorsqu'il n'y aura pas de chemins couverts. Le cas arrivant où ces places et postes seraient déclarés dans l'*état de guerre*, les démolitions qui seraient jugées nécessaires, à la distance de 250 toises et au-dessous de la crête des parapets des chemins couverts et des murs de clôture, n'entraîneront aucune indemnité pour les propriétaires.

Loi *du* 17 *juillet* 1819, *relative aux servitudes imposées à la propriété pour la défense de l'Etat.*

Art. 4. La distance fixée à 100 toises par les articles 31 et 32 du titre Ier de la loi du 10 juillet 1791, sera portée à 250 mètres, sans néanmoins que la prohibition qui en résulte puisse s'étendre aux constructions existantes, lesquelles pourront être entretenues dans leur état actuel. Pourront aussi, entre ladite limite et celle du terrain militaire, être établies librement des clôtures en haies sèches ou en planches à claire-voie, sans pans de bois ni maçonnerie.

Loi *du* 3 *avril* 1841, *qui affecte une somme de cent quarante millions aux travaux de fortifications de Paris.*

Art. 7. La ville de Paris ne pourra être classée parmi les places de guerre du royaume qu'en vertu d'une loi spéciale.

8. La première zone des servitudes militaires, telle qu'elle est réglée par la loi du 17 juillet 1819, sera seule appliquée à l'enceinte continue et aux forts extérieurs. Cette zone unique, de 250 mètres, sera mesurée sur les capitales des bastions, et à partir de la crête de leurs glacis.

Loi *du* 15 *juillet* 1845, *sur la police des chemins de fer.*

TITRE PREMIER.

MESURES RELATIVES A LA CONSERVATION DES CHEMINS DE FER.

Art. 5. A l'avenir, aucune construction autre qu'un mur de clôture ne pourra être établie dans une distance de deux mètres d'un chemin de fer.

Cette distance sera mesurée soit de l'arête supérieure du déblai, soit de l'arête inférieure du talus du remblai, soit du bord extérieur des fossés du chemin, et, à défaut d'une ligne tracée, à un mètre cinquante centimètres à partir des rails extérieurs de la voie de fer.

Les constructions existantes au moment de la promulgation de la présente loi, ou lors de l'établissement d'un nouveau chemin de fer, pourront être entretenues dans l'état où elles se trouveront à cette époque.

Un règlement d'administration publique déterminera les formalités à remplir par les propriétaires pour faire constater l'état desdites constructions, et fixera le délai dans lequel ces formalités devront être remplies.

10. Si, hors des cas d'urgence prévus par la loi des 16-24 août 1790, la sûreté publique ou la conservation du chemin de fer l'exige, l'administration pourra faire supprimer, moyennant une juste indemnité, les constructions,

plantations, excavations, couvertures en chaume, amas de matériaux combustibles ou autres, existant, dans les zones ci-dessus spécifiées, au moment de la promulgation de la présente loi, et, pour l'avenir, lors de l'établissement du chemin de fer.

L'indemnité sera réglée, pour la suppression des constructions, conformément aux titres IV et suivants de la loi du 3 mai 1841, et, pour tous les autres cas, conformément à la loi du 16 septembre 1807.

DÉCRET IMPÉRIAL *du* 10 *août* 1853, *sur le classement des places de guerre et des postes militaires, et sur les servitudes imposées à la propriété autour des fortifications.*

TITRE II.

SERVITUDES DÉFENSIVES AUTOUR DES FORTIFICATIONS.

SECTION PREMIÈRE.

SERVITUDES RELATIVES AUX NOUVELLES CONSTRUCTIONS.

Art. 5. Les servitudes défensives autour des places et des postes s'exercent sur les propriétés qui sont comprises dans trois zones commençant toutes aux fortifications et s'étendant respectivement aux distances de deux cent cinquante mètres, quatre cent quatre-vingt-sept mètres et neuf cent soixante-quatorze mètres pour les places, et de deux cent cinquante mètres, quatre cent quatre-vingt-sept mètres et cinq cent quatre-vingt-quatre mètres pour les postes.

6. Lorsqu'il est possible de réduire l'étendue des zones de servitudes du côté de quelque centre important de population sans compromettre la défense ou porter atteinte aux intérêts du trésor, cette réduction est prononcée par un décret.

Le mode d'exécution de ce décret a lieu conformément à ce qui est prescrit à l'article 4 du présent règlement.

7. Dans la première zone de servitudes autour des places et des postes classés, il ne peut être fait aucune construction de quelque nature qu'elle puisse être, à l'exception, toutefois, de clôtures ou de haies sèches ou en planches à claire-voie, sans pans de bois ni maçonnerie, lesquelles peuvent être établies librement.

Les haies vives et les plantations d'arbres ou d'arbustes formant haies sont spécialement interdites dans cette zone.

8. Au delà de la première zone jusqu'à la limite de la

deuxième, il est également interdit, autour des places de la première série, d'exécuter aucune construction quelconque en maçonnerie ou en pisé. Mais il est permis d'élever des constructions en bois et en terre, sans y employer de pierres ni de briques, même de chaux ni de plâtre, autrement qu'en crépissage, et à la charge de les démolir immédiatement, et d'enlever les décombres et matériaux, sans indemnité, à la première réquisition de l'autorité militaire, dans le cas où la place, déclarée en état de guerre, serait menacée d'hostilités.

Dans la même étendue, c'est-à-dire entre les limites de la première et de la deuxième zone, il est permis, tout autour des places de la deuxième série et des postes militaires, d'élever des constructions quelconques. Mais, le cas arrivant où ces places et postes sont déclarés en état de guerre, les démolitions qui sont jugées nécessaires n'entraînent aucune indemnité pour les propriétaires.

9. Dans la troisième zone de servitudes des places et des postes, il ne peut être fait aucun chemin, aucune levée ni chaussée, aucun exhaussement de terrain, aucune fouille ou excavation, aucune exploitation de carrière, aucune construction au-dessous du niveau du sol, avec ou sans maçonnerie, enfin aucun dépôt de matériaux ou autres objets, sans que leur alignement et leur position aient été concertés avec les officiers du génie, et que, d'après ce concert, le ministre de la guerre ait déterminé ou fait déterminer par un décret les conditions auxquelles les travaux doivent être assujettis dans chaque cas particulier, afin de concilier les intérêts de la défense avec ceux de l'industrie, de l'agriculture et du commerce.

Dans la même étendue, les décombres provenant des bâtisses et autres travaux quelconques ne peuvent être déposés que dans les lieux indiqués par les officiers du génie; sont exceptés toutefois de cette disposition ceux des détriments destinés à servir d'engrais aux terres, et pour les dépôts desquels les particuliers n'éprouvent aucune gêne, pourvu qu'ils évitent de les entasser.

Enfin, dans la même zone, il est défendu d'exécuter aucune opération de topographie sans le consentement de l'autorité militaire. Ce consentement ne peut être refusé, lorsqu'il ne s'agit que d'opérations relatives à l'arpentage des propriétés.

SECTION II.

SERVITUDES CONCERNANT LES CONSTRUCTIONS EXISTANTES.

Art. 10. Les reconstructions totales de maisons, clôtures et autres bâtisses sont soumises aux mêmes prohibitions que les constructions neuves, quelle qu'ait pu ou que puisse être la cause de la destruction.

Les restaurations de bâtiments, clôtures et autres ouvrages tombant par vétusté ou pour une cause quelconque constituent des reconstructions totales, lors même qu'on voudrait, dans ces restaurations, conserver quelques parties des anciennes constructions.

ENTRETIEN DES BATISSES EN BOIS OU EN BOIS ET TERRE.

Art. 11. Les bâtisses en bois ou en bois et terre existant dans la limite de quatre cent quatre-vingt-sept mètres ne peuvent être entretenues dans leur état actuel qu'autant qu'il n'est apporté aucun changement dans leurs formes et leurs dimensions, et que sous les restrictions expresses :

1° Que les matériaux de réparation et de reconstruction partielle sont de même nature que ceux précédemment mis en œuvre ;

2° Que la masse des constructions existantes n'est point accrue.

ENTRETIEN DES BATISSES EN MAÇONNERIE.

Art. 12. La disposition qui précède s'applique aussi, pour les places de la deuxième série et des postes militaires, aux constructions en maçonnerie situées au delà de la première zone, jusqu'à la limite de quatre cent quatre-vingt-sept mètres.

Les bâtisses en maçonnerie situées dans la zone de deux cent cinquante mètres des places et des postes, ou dans celle de quatre cent quatre-vingt-sept mètres des places de la première série, ne peuvent être entretenues librement, dans leur état actuel, qu'à la charge expresse de les soumettre aux restrictions mentionnées à l'article 11, et de ne faire en outre aucun des travaux de la nature de ceux qui sont légalement prohibés en matière de voirie, c'est-à-dire de reprises en sous-œuvre, de grosses réparations et autres travaux confortatifs :

Soit à leurs fondations ou à leur rez-de-chaussée, s'il s'agit de bâtiments d'habitation ;

Soit, pour les simples clôtures, jusqu'à moitié de leur hauteur, mesurée sur leur parement extérieur ;

Soit, pour toutes les autres constructions, jusqu'à trois mètres au-dessus du sol extérieur.

Ces derniers travaux ne peuvent être exécutés qu'autant que le propriétaire fournit la preuve que la bâtisse existait, dans sa nature et ses dimensions actuelles, antérieurement à l'époque de l'établissement des servitudes dont elle est grevée, ou justifie qu'elle a déjà fait l'objet d'un engagement de démolition sans indemnité, pour le cas prévu à l'article 8, ou, enfin, à défaut de l'une ou de l'autre de ces justifications, souscrit préalablement l'engagement dont il s'agit.

SECTION IV.

BORNAGE DES ZONES DE SERVITUDES ET DES POLYGONES EXCEPTIONNELS.

Art. 17. Les distances mentionnées à l'article 5, pour la détermination des zones de servitudes, sont comptées à partir de la crête des parapets des chemins couverts les plus avancés, ou des murs de clôture ou d'escarpe lorsqu'il n'y a pas de chemin couvert, ou enfin, quand il n'y a ni chemin couvert, ni mur de clôture ou d'escarpe, à partir du mur de la crête intérieure des parapets des ouvrages.

Timbre. Voyez *Enregistrement*.

TRANSCRIPTION.

Loi *du* 23 *mars* 1855 *sur la transcription en matière hypothécaire*.

Art. 1er. Sont transcrits au bureau des hypothèques de la situation des biens :

1° Tout acte entre-vifs, translatif de propriété immobilière ou de droits réels susceptibles d'hypothèque;

2° Tout acte portant renonciation à ces mêmes droits;

3° Tout jugement qui déclare l'existence d'une convention verbale de la nature ci-dessus exprimée;

4° Tout jugement d'adjudication, autre que celui rendu sur licitation au profit d'un cohéritier ou d'un copartageant.

2. Sont également inscrits :

1° Tout acte constitutif d'antichrèse, de servitude, d'usage et d'habitation ;

2° Tout acte portant renonciation à ces mêmes droits

3° Tout jugement qui en déclare l'existence en vertu d'une convention verbale;

4° Les baux d'une durée de plus de dix-huit années;

5° Tout acte ou jugement constatant, même pour bail de moindre durée, quittance ou cession d'une somme équivalente à trois années de loyers ou fermages non échus.

3. Jusqu'à la transcription, les droits résultant des actes et jugements énoncés aux articles précédents ne peuvent être opposés aux tiers qui ont des droits sur l'immeuble et qui les ont conservés en se conformant aux lois.

Les baux qui n'ont point été transcrits ne peuvent jamais leur être opposés pour une durée de plus de dix-huit ans.

TROTTOIRS.

LOI *du 7 juin 1845, sur la répartition des frais de construction des trottoirs.*

Art. 1er. Dans les rues et places dont les plans d'alignement ont été arrêtés par ordonnances royales, et où, sur la demande des conseils municipaux, l'établissement de trottoirs sera reconnu d'utilité publique, la dépense de construction des trottoirs sera répartie entre les communes et les propriétaires riverains, dans les proportions et après l'accomplissement des formalités déterminées par les articles suivants.

2. La délibération du conseil municipal qui provoquera la déclaration d'utilité publique désignera en même temps les rues et places où les trottoirs seront établis, arrêtera le devis des travaux, selon les matériaux entre lesquels les propriétaires auront été autorisés à faire un choix, et répartira la dépense entre la commune et les propriétaires. La portion à la charge de la commune ne pourra être inférieure à la moitié de la dépense totale.

Il sera procédé à une enquête *de commodo et incommodo*.

Une ordonnance du roi statuera définitivement, tant sur l'utilité publique que sur les autres objets compris dans la délibération du conseil municipal.

3. La portion de la dépense à la charge des propriétaires sera recouvrée dans la forme déterminée par l'article 28 de la loi de finances du 25 juin 1841.

4. Il n'est pas dérogé aux usages en vertu desquels les frais de construction des trottoirs seraient à la charge des propriétaires riverains, soit en totalité, soit dans une proportion supérieure à la moitié de la dépense totale.

TABLE DES MATIÈRES

NOTA. — J'ai rapporté les dispositions législatives concernant les propriétaires, les locataires, les usufruitiers et les constructeurs de maison dans l'ordre suivant : 1° celles existant dans nos Codes civil, de procédure civile, de commerce, pénal et forestier ; 2° celles éparses dans notre Bulletin des lois et que j'ai classées sous différents titres, tels que Alignement, Logements insalubres, etc.

ABRÉVIATIONS EMPLOYÉES DANS CETTE TABLE

C., Code civil. — *Pr.*, Procédure civile. — *Co.*, Code de commerce. — *P.*, Code pénal. — *F.*, Code forestier. — *art.*, article. — *s.*, suivants.

LOI *du* 28 *février* 1872, *concernant les droits d'enregistrement.*

Art. 6. Les obligations imposées au preneur, dans le cas de location verbale, par l'article 11 de la loi du 23 août 1871, seront accomplies, à l'avenir, par le bailleur, qui sera tenu du paiement des droits, sauf son recours contre le preneur. — Néanmoins, les parties restent solidaires pour le recouvrement du droit simple. — (Voyez page 57).

Paris. — GAUTHIER-VILLARS, imprimeur (ancienne imprimerie Bonaventure)
55, Quai des Grands-Augustins.

En envoyant au directeur du *Bulletin de la Législation franç*[illegible] Dauphine, n. 24, à Paris, ou *à l'éditeur dudit Bulletin de la Législation* [illegible] *çaise*, soit en *timbres-poste* à 0,25 c., ou en un *mandat sur la poste* [illegible] tant du prix de l'un ou de plusieurs des ouvrages ci-dessous [illegible] on les *recevra immédiatement et franco*.

Code des propriétaires, des locataires, des usufruitiers et des constructeurs de maisons, par Louis TRIPIER, auteur des codes français annotés de tous les textes nécessaires à leur intelligence, etc. In-8. 2 fr.

Code des mineurs, des membres des conseils de famille, des tuteurs, des subrogés-tuteurs, des curateurs et des conseils judiciaires, par Louis TRIPIER. In-8. 2 fr.

Guide politique du citoyen français, par Louis TRIPIER. 1 fr. 50

Constitution du 24 mai 1870 conférée avec toutes les constitutions qui ont régi la France depuis 1789; et suivie, 1° des sénatus-consultes des 12 décembre 1852; 23 avril et 17 juillet 1856; 2° des dispositions de la constitution du 14 janvier 1852 et des sénatus-consultes promulgués depuis cette époque et qui, conformément aux articles 42 et 43 de la constitution du 21 mai 1870, avaient force de loi; 3° les décrets des 21 et 29 mai 1870, etc., par Louis TRIPIER. 1 f.

Code du Recrutement de l'armée, tenu constam-ment au courant de la législation, par Louis TRIPIER. 1 fr.

Traité de paix entre la France et l'empire d'Allemagne, suivi des conventions additionnelles audit traité, par Louis TRIPIER. 2 f.

Commentaire de la loi du 17 juillet 1856 sur les sociétés en commandite par actions, 2e édition, par Louis TRIPIER. 2 fr.

NOTA. La loi du 17 juillet 1856 a été abrogée pour l'avenir par la loi du 17 juillet 1867, sur les sociétés, mais elle continue à régir les sociétés formées sous son empire, d'où les tribunaux auront encore, pendant un très-grand nombre d'années à en faire l'application.

Commentaire de la loi du 23 mai 1863 sur les sociétés à responsabilité limitée, suivi de la traduction en français de la législation anglaise sur les sociétés à responsabilité limitée, par Louis TRIPIER. 4 fr.

NOTA. La loi du 23 mai 1863 a été abrogée pour l'avenir par la loi du 17 juillet 1867, sur les sociétés, mais elle continue à régir les sociétés formées sous son empire, d'où les tribunaux auront encore, pendant un très-grand nombre d'années, à en faire l'application. En outre, plusieurs sociétés anglaises à responsabilité limitée fonctionnent en France, où elles peuvent exercer leurs droits; d'autres peuvent survenir. L'ouvrage de M. Tripier donnant la traduction en français de la législation anglaise sur les sociétés à responsabilité limitée, il en résulte que cet ouvrage a encore une très-grande importance au double point de vue développé ci-dessus.

Le Droit mis en pratique, ou Nouveau formulaire des actes sous seing privés, précédés des règles sur la formation et les effets des contrats, par Louis TRIPIER. 3 fr. 50

Constitution des Etats-Unis d'Amérique, trad. en français. 20 c.

Méthode simplifiée pour apprendre sûrement et promptement la langue allemande, par Ernst Hartmann.

Cette méthode comprend:

La grammaire allemande exposée en tableaux synoptiques, par Ernest Hartmann. 1 fr. 50

Morceaux choisis de langue et de littérature allemande :

Ire partie. 1 fr. 50

IIe partie. 1 fr. 50

Traité de commerce entre la France et la Belgique, suivi décrets de mise à exécution, etc. 1 fr.

Statuts de la société privilégiée autrichienne de crédit du commerce et de l'industrie, traduits de l'allemand en français, par M. BERGION, doct. en droit. 1 fr.

NOTA. M. Louis TRIPIER, docteur en droit, demeurant à Paris, place Dauphine, 24, et auteur des CODES ANNOTÉS, des CONSTITUTIONS qui ont régi la France depuis 1789, conférées entre elles et annotées; des COMMENTAIRES DES CODES de justice militaire pour les armées de terre et de mer; des CODES des sociétés civiles et commerciales, de la Légion d'honneur, de la comptabilité publique; du BULLETIN DE LA LÉGISLATION FRANÇAISE, etc., etc., se charge de suivre, pour les abonnés à son BULLETIN DE LA LÉGISLATION FRANÇAISE, toutes les affaires qu'ils pourraient avoir dans le département de la Seine.

Paris. — Imp. de GAUTHIER-VILLARS, quai des Grands-Augustins, 55.

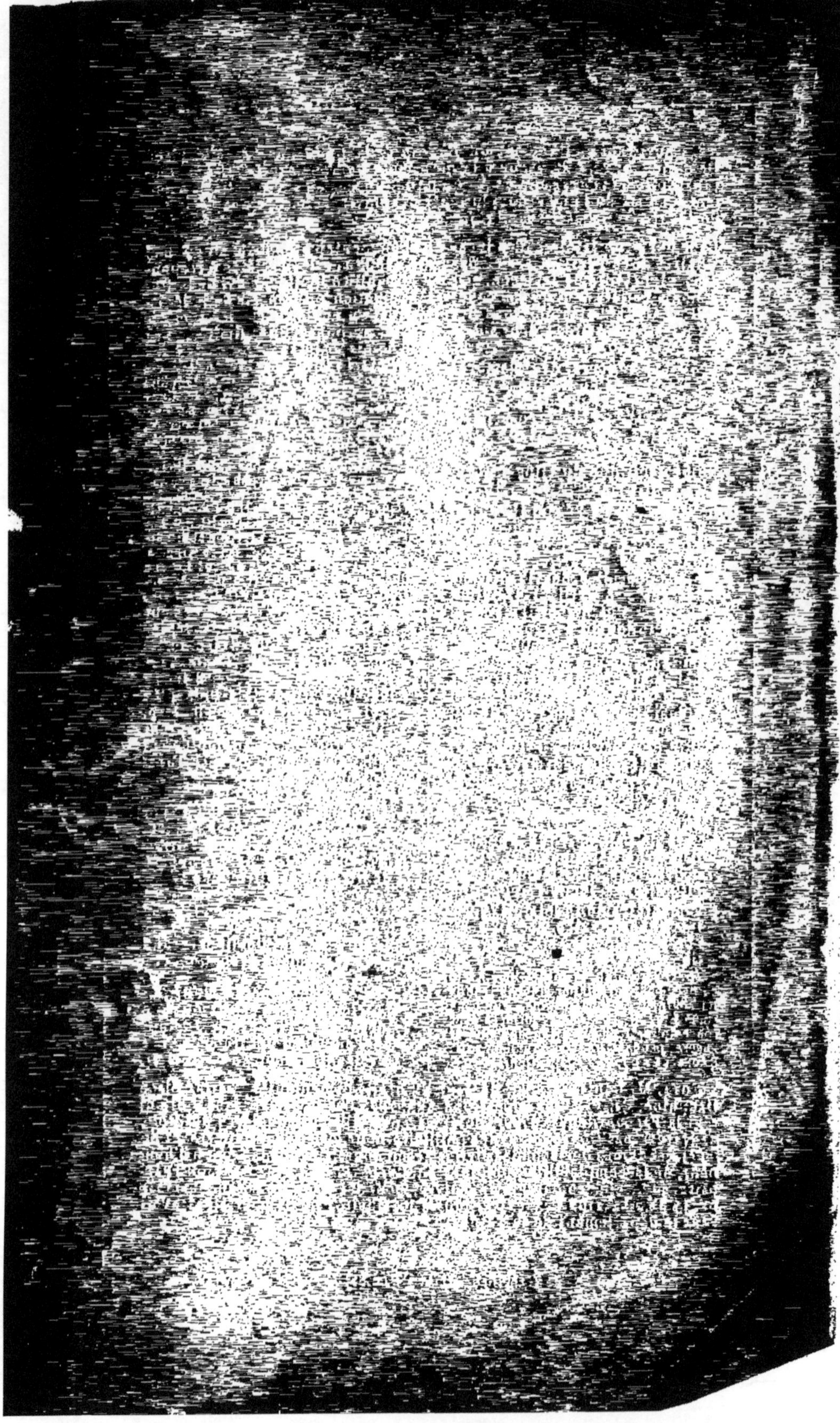

www.ingramcontent.com/pod-product-compliance
Ingram Content Group UK Ltd.
Pitfield, Milton Keynes, MK11 3LW, UK
UKHW022127190726
13855UKWH00003B/1064